Richard J. Samuelson

POL POT
Il diavolo rosso

la case books

POL POT

POL POT, IL DIAVOLO ROSSO
Richard J. Samuelson

Copyright © 2021 LA CASE
Copyright © 2015-2021 LA CASE
ISBN 9781953546852
Tutti i diritti riservati

2021 - 1a Edizione Cartacea
2015 - 1a Edizione eBook

LA CASE Books
PO BOX 931416, Los Angeles, CA, 90093
info@lacasebooks.com || www.lacasebooks.com

Nessuna parte di questo libro può essere riprodotta o archiviata in un sistema di recupero né trasmessa in qualsivoglia forma o mediante qualsiasi mezzo, elettronico, meccanico, tramite fotocopie o registrazioni o in altro modo, senza l'autorizzazione scritta esplicita dell'editore.

*«Voglio che sappiate che tutto quello che ho fatto
l'ho fatto per il mio paese»*

Pol Pot

POL POT

INDICE

Il diavolo rosso — 7

Un rivoluzionario privilegiato — 11

Ritorno in patria — 21

Rivolta armata — 31

La presa del potere — 41

Inizia l'incubo — 49

Orrore senza fine — 61

S-21 — 75

La fine del "progetto sociale" — 81

Fine di un leader — 93

LA CASE Books — 121

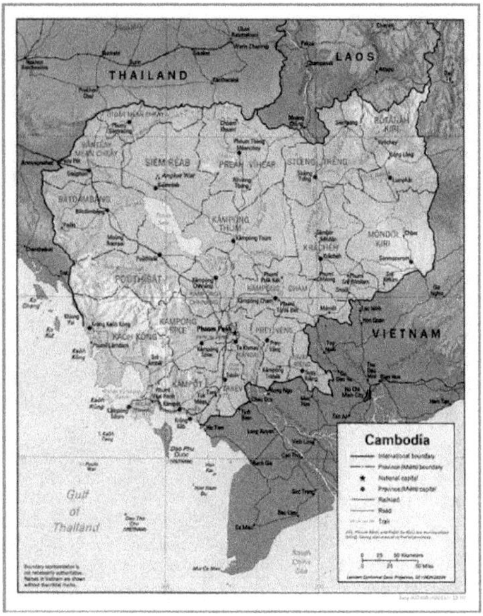
THAILAND
LAOS
VIETNAM
Cambodia
Gulf of Thailand

IL DIAVOLO ROSSO

«È stato un padre esemplare e affettuoso».
(Mea Sitha Sar, figlia di Pol Pot)

L'elenco dei personaggi che, come si suol dire, "hanno fatto la Storia", è lunghissimo, potremmo dire che si tratta di una lista virtualmente infinita. A una prima occhiata può addirittura sembrare che siano state soltanto le imprese e le idee di alcuni singoli a determinare il corso degli eventi mondiali, creando così la situazione geopolitica che oggi tutti conosciamo. Fateci caso, però, la lista delle figure normalmente considerate "positive" a tutto tondo, come ad esempio Abramo Lincoln, Gandhi o Martin Luther King, è tutto sommato relativamente corta.

Il ruolo di assoluti protagonisti in questa graduatoria senza tempo la fanno infatti i personaggi profondamente negativi o quelli che in qualche modo sono stati condannati in maniera netta dagli storici e, di conseguenza, anche dall'opinione pubblica.

Personaggi come Adolf Hitler, Nerone, Benito Mussolini, Joseph Stalin o Gustavo Pinochet, solo per citarne alcuni, sono state in grado di imprimere in maniera molto netta una diversa direzione al corso degli eventi mondiali, lasciando però dietro di loro una scia di risentimento e condanna più o meno condivisa a livello internazionale.

Il concetto di condanna "più o meno condivisa" è molto importante per creare fin da queste prime pagine un distinguo fondamentale. Per esempio i giudizi storici e, soprattutto, della gente comune, su dittatori come Mussolini, Stalin o Hitler, sono generalmente di condanna, anche se ancora oggi non mancano ampi strati della popolazione mondiale che ammirano, e per molti aspetti condividono in pieno, le scelte radicali di questi dittatori e il loro operato politico, oltre che la loro ideologia.

Da questo punto di vista il caso di Pol Pot invece è assolutamente unico e, forse, per molti aspetti irripetibile.

Khmer Rossi

Quello che sono stati in grado di mettere in atto Pol Pot e i suoi terribili Khmer Rossi durante i pochi anni in cui hanno governato la Cambogia non si presta ad alcuna rivalutazione storico-politica. L'orrore e la devastazione fisica, morale e culturale che la popolazione cambogiana ha dovuto subire in quel periodo da incubo non hanno eguali nella storia della civiltà moderna. Stiamo parlando infatti di un "reset" completo che ha letteralmente devastato un popolo molto antico e ricco di storia e cultura.

Quella che state per leggere è una storia di autentica follia e di fanatismo senza limiti, nonostante tutti i miei studi sull'argomento non riesco davvero a trovare altri termini per descrivere questa vicenda ai confini della realtà.

Questa è la storia di un uomo e di un progetto politico in grado di annientare completamente la vita, la cultura e il pensiero di milioni di persone, e tutto questo nel più completo disinteresse dell'opinione pubblica mondiale. Ma, particolare assolutamente da sottolineare, è importante capire che la figura di Pol Pot resta ancora oggi imprescindibile per comprendere la storia che stiamo vivendo in questo mondo sempre più diviso in blocchi culturali, religiosi, ideologici e politici. Un mondo in cui le distanze invece che ridursi sembra che continuino ad aumentare ogni giorno di più.

Prek Sbauv, il luogo di nascita di Pol Pot

UN RIVOLUZIONARIO PRIVILEGIATO

Saloth Sar, questo è il vero nome di Pol Pot, nasce 19 maggio 1925. È il giovane rampollo di una ricca famiglia di proprietari terrieri della provincia di Kampong Thom, nel cuore profondo della Cambogia. In quegli anni l'intera regione che andava dal Vietnam alla Cambogia, passando per il Laos, era sotto il controllo coloniale della Francia ed era conosciuta come Indocina.

Fin da bambino Saloth ha la fortuna di condurre una vita privilegiata: non conosce minimamente gli stenti e le privazioni che devono invece sopportare i tantissimi contadini di quella regione. Non deve iniziare a lavorare in tenera età come molti suoi coetanei, né deve patire la fame come la stragrande maggioranza delle famiglie della Cambogia dell'epoca, nazione molto povera e dall'economia a dir poco stentata.

Quando Saloth Sar ha appena 6 anni viene mandato dalla famiglia nella capitale, Phnom Penh. I suoi genitori hanno deciso che il giovane Saloth Star dovrà studiare per diventare monaco.

Gli studi

All'eta di 10 anni però il futuro Pol Pot sceglie un'altra strada. Abbandona gli studi religiosi ed entra nella prestigiosa Miche School, istituto gestito dai gesuiti. Nella capitale peraltro soltanto pochi anni prima si era già trasferite una delle sue sorelle maggiori, concubina del re Monivong, e anche una sua cugina, che lavorava come ballerina alla corte del sovrano cambogiano. Grazie alle entrature privilegiate delle due donne Saloth Sar ha la possibilità quindi di frequentare fin dalla prima infanzia la corte reale e, secondo diversi storici, è in questa fase della sua vita che il ragazzo inizia a maturare un profondo sentimento di odio violento verso la classe dominante cambogiana.

Secondo il giovane Saloth la corte e l'élite del suo Paese erano entrambe colpevoli di aver dato vita ad una società corrotta, profondamente ingiusta, troppo debole e, soprattutto, assoggettata ai desideri e alle voglie delle grandi potenze straniere.

Un ragazzo come tanti

Nonostante tutto l'infanzia di Saloth Sar sembrerebbe normale, felice, come racconta anche lo svedese Peter Froberg Idling[1]:

«[...] Pare che Saloth Sar fosse un bravo calciatore. Non ancora Pol Pot, per un lungo periodo di tempo. Era bravo con la palla, ma aveva anche un debole per la poesia romantica francese: Paul Verlaine, Victor Hugo. E gli piaceva anche suonare il violino. Però in questo non era altrettanto bravo, dicono quelli che ricordano [...]».

Nel 1947 Saloth Sar riesce ad essere ammesso al prestigioso liceo francese Sisowath, ma dura poco. Il suo rendimento scolastico è decisamente

---

[1] *Pol Pots leende* (Skönlitterär dokumentär, utgiven av Atlas förlag, 2006), traduzione italiana *Il sorriso di Pol Pot*, Iperborea, 2010.

troppo scarso per una scuola così elitaria e dunque, dopo appena pochi mesi, viene obbligato a ripiegare su una meno impegnativa scuola tecnica. Nel 1949 però riesce a vincere una borsa di studio che gli permette di frequentare la celebre EFR (École Française d'Électronique et d'Informatique), così si trasferisce in Francia.

Francia

Ai banchi di scuola e ai libri di elettronica però Saloth Sar preferisce fin da subito i gruppi politici di estrema sinistra che, nella Parigi di quegli anni turbolenti e agitati, non solo erano numerosi, ma erano anche molto attivi.

Nel 1950 si reca addirittura nell'allora Yugoslavia del maresciallo Tito per partecipare alla costruzioni di strade e infrastrutture. È proprio durante il periodo francese che Saloth Sar conosce quella che diventerà poi la sua prima moglie, Khieu Ponnary, la prima donna cambogiana a conseguire una laurea.

A Parigi quelli sono gli anni in cui iniziano a nascere e ad affermarsi i primi movimenti politici anti-colonialisti internazionali, dato che la capitale transalpina ospita i figli degli esponenti di spicco delle classi dirigenti di tutti quei paesi che fanno ancora parte dell'enorme impero coloniale francese. Numerosi gruppi politici (quasi tutti di sinistra), insieme a diversi intellettuali francesi, iniziano a chiedere a gran voce lo sganciamento della Francia dai territori d'oltremare.

La Parigi rivoluzionaria

Ad esempio anche Ho Chi Minh, l'uomo che divenne il simbolo del Vietnam e della lotta anti-imperialista contro la Francia e, soprattutto, contro gli Stati Uniti, aveva soggiornato a lungo a Parigi e più in generale in Francia nel periodo immediatamente successivo alla Prima Guerra Mondiale. Molti anni dopo, in occasione del suo settantesimo compleanno, il leader vietnamita ricorderà gli anni parigini della sua giovinezza, spiegando in maniera molto chiara come fosse naturale per i giovani gruppi nazionalisti che volevano l'indipendenza dei rispettivi paesi schierarsi politicamente a sinistra nel convulso scenario dell'epoca:

«Subito dopo la Prima guerra mondiale

ho anche lavorato a Parigi come impiegato: facevo il "disegnatore di antichità cinesi", che poi una ditta francese fabbricava. Allora distribuivo frequentemente volantini propagandistici, per stigmatizzare le grandi atrocità del colonialismo. Ero partigiano della Rivoluzione d'Ottobre, ma proprio per una specie di simpatia spontanea. Non ne capivo ancora tutto il significato storico.

Amavo e rispettavo Lenin, semplicemente perché era un grande patriota e aveva liberato i suoi connazionali. Fino ad allora, non avevo letto nessuno dei suoi libri. Ero membro del partito socialista Francese, perché quei "signori e quelle signore", come ancora dicevo rivolgendomi ai compagni di partito, avevano mostrato simpatia per la causa dei popoli oppressi.

Non capivo ancora bene che cosa fosse propriamente un partito o un sindacato, il socialismo o il comunismo. Nelle cellule, a quei tempi, si discuteva tenacemente se si dovesse rimanere all'interno della Seconda Internazionale. La questione che però mi interessava più di tutte e di cui, in genere, nelle discussioni non si parlava quasi mai era: quale Internazionale sostiene anche la causa dei popoli oppressi?

In occasione di una riunione, posi questa domanda, che mi interessava più di tutto […] Un compagno mi diede da leggere le tesi di Lenin sul problema delle nazionalità e dei popoli coloniali, che erano state pubblicate da l'Humanité. Vi erano in questo libro delle espressioni che io capivo con difficoltà.

Ma, leggendole e rileggendole, ne capii finalmente il senso completo. I pensieri di Lenin mi commossero fortemente e fui a dir poco entusiasta […] La mia gioia era tale, che a volte mi venivano addirittura le lacrime agli occhi. Solo, nella mia camera, esclamavo come se mi trovassi davanti a una grande folla di popolo: "Cari compatrioti, oppressi e miseri! Qui c'è la strada per la nostra liberazione!".

Da allora ebbi un'assoluta fiducia in Lenin e nella Terza Internazionale […] Finalmente, votai insieme a tutti gli altri compagni per l'ingresso all'interno della Terza Internazionale, durante la giornata socialista di Tours.

Al principio fu dunque il patriottismo e non il comunismo che provocò il mio entusiasmo per Lenin e la Terza Internazionale […]».

E infatti una delle prime cause a essere appoggiata a livello di massa in Francia è proprio quella dei Viet Minh. Si trattava dei gruppi clandestini vietnamiti che si erano mobilitati soprattutto nel Nord del Vietnam per chiedere l'indipendenza politica dalla Francia sotto la guida di Ho Chi Minh[2].

La formazione politica

Nel 1951 il futuro leader dei Khmer Rossi si unisce al gruppo clandestino conosciuto come "Circolo Marxista" e, pochi mesi dopo, diventa organico anche all'interno dello stesso Partito Comunista Francese. È durante queste esperienze che Saloth riceve il suo primo vero e proprio indottrinamento politico.

Fino a quel momento la sua era stata più che altro una passione vaga e teorica, quasi adolescenziale potremmo dire, ma il futuro leader della rivoluzione cambogiana non aveva mai veramente approfondito in maniera sistematica le teorie, gli ideali e anche la visione marxista nel suo complesso. In questo contesto politico inedito per il giovane Pol Pot il suo atavico razzismo trova un'espressione inedita inusuale in

---

[2] A questo proposito si veda "Ho Chi Minh e la Guerra di Indocina", Axel Silverstone, 2014, LA CASE Books.

una particolare forma di comunismo, molto più estremo ed intransigente rispetto alle altre elaborazioni politiche di quegli anni. Attenzione però, è sempre bene non dimenticare che nel caso di Pol Pot non stiamo affatto parlando di un intellettuale raffinato come Che Guevara o Lenin, né tanto meno di un personaggio poliedrico e fortemente carismatico come Mao Tze Tung o Ho Chi Minh.

La conoscenza delle teorie politiche e filosofiche marxiste, nel caso del futuro leader cambogiano, resterà sempre piuttosto scarsa, come del resto rimarrà abbastanza approssimativa e superficiale anche la sua competenza nel campo della politica internazionale.

Norodom Sihanouk, re della Cambogia
dal 1941 al 1955 e poi dal 1993 fino
alla sua abdicazione, il 7 ottobre 2004.

RITORNO IN PATRIA

Visti gli scadenti risultati scolastici Pol Pot non riesce a mantenere la borsa di studio e così nel 1953 è costretto suo malgrado a far ritorno in Cambogia. È il primo membro del Circolo Marxista a far rientro in patria e quindi a lui viene affidata l'opera di propaganda nel territorio cambogiano, così come anche il reclutamento di nuovi adepti alla nascente causa rivoluzionaria per l'indipendenza della Cambogia.

Tra i vari gruppi rivoluzionari che operavano già nel territorio Saloth Sar individua come più promettente la formazione dei Khmer Viet Minh, un'organizzazione che si rifaceva all'esperienza vietnamita nel campo della lotta politica anticolonialista.

Cambio di scenario

Gli accordi di pace del 1954 successivi alla rovinosa sconfitta francese in territorio vietnamita costringono il governo cambogiano a espellere tutti i gruppi Viet Minh dai propri confini. Alcuni cambogiani dunque si uniscono ai ribelli vietnamiti ed espatriano oltre confine mentre altri, tra cui anche lo stesso Pol Pot, decidono di rimanere in Cambogia per combattere fianco a fianco della popolazione locale.

La pace siglata nel 1954 è un evento di portata epocale. Di fatto viene messa fine all'influenza coloniale francese nella zona, per lo meno a livello ufficiale. Si apre dunque uno scenario assolutamente inedito per quella zona del mondo, uno scenario destinato a creare una serie di conflitti lunghissimi e, purtroppo, tra i più violenti e sanguinari che si ricordino.

Anche la Cambogia dunque viene dichiarata indipendente e inizia così una nuova fase politica ricca di tensioni ed incertezze, ma anche di grandi sogni e speranze per la libertà riconquistata in tutta la zona. L'Indocina ormai è soltanto un ricordo, è il momento di riaffermare le identità nazionali così a lungo schiacciate sotto il gioco coloniale. In questo scenario molto confuso nel 1955 vengono indette le prime elezioni politiche cambogiane.

Speranze frustrate

La classe dirigente della Cambogia, guidata dal re Norodom Sihanouk, riesce facilmente a truccare le elezioni conquistando tutti i seggi disponibili, dimostrando in quel modo la sua forza ma anche la sua arroganza. E così tra la popolazione si diffonde sempre di più l'idea che non ci sia nessuna possibilità di un reale e concreto cambiamento, perlomeno finché si continuano a seguire le vie istituzionali.

In moltissimi, soprattutto tra gli strati più bassi della popolazione, ma non solo, iniziano dunque ad appoggiare più o meno apertamente i neonati gruppi rivoluzionari, in particolare quello guidato da Saloth Sar che si dimostra fin da subito come il più attivo, oltre ad essere quello che può vantare una maggior struttura e organizzazione.

Nel 1956 intanto il futuro Pol Pot sposa Khieu Ponnary ed entrambi iniziano a insegnare come professori a scuola. Ecco come ricorda questi anni fondamentali per Saloth Sar e per tutta la Cambogia lo storico americano David P. Chandler[3]:

«Quel movimento non aveva ancora molti seguaci e il governo vi prestava scarsa attenzione. Come insegnate Saloth Sar si guadagnò la simpatia di tutti i suoi studenti per i modi premurosi e gentili che aveva sempre con loro. Ho parlato con diversi suoi ex studenti in Cambogia. Erano molto entusiasti di lui, lo ritenevano un insegnante che aveva un gran carisma, ma allora non insegnava marxismo-leninismo. Quella politica infatti era un'attività segreta [...]».

Repressione

Nel 1960, grazie all'interessamento delle forze comuniste del Vietnam del Nord, viene creato anche in Cambogia un partito comunista clandestino, denominato inizialmente Partito dei Lavoratori. Nel 1962 vengono indette nuove elezioni e così la speranza del cambiamento torna

---

[3] "The Tragedy of Cambodian History: Politics, War, and Revolution Since 1945", David P. Chandler, 1991, Yale Univ Pr.

a infiammare il popolo cambogiano e, naturalmente, anche gli animi di tutti gli attivisti politici che fino a quel momento erano stati costretti a lottare restando però nascosti nell'ombra.

Negli ultimi anni l'estrema sinistra cambogiana ha infatti raccolto migliaia di simpatizzanti, al punto che in tantissimi credono che, in mancanza di brogli, sarà proprio un partito filo marxista a vincere quelle elezioni tanto attese. Per tutta risposta il governo cambogiano, poco prima del voto, fa arrestare a sorpresa tutti i maggiori leader dei partiti di sinistra che si erano candidati alle elezioni. La mossa successiva è quella di sospendere la pubblicazione di qualsiasi giornale o rivista, scrivendo così di fatto la parola fine su ogni velleità di svolta democratica all'interno del paese.

Ironia della sorte, è proprio il re Sihanouk a coniare in questo periodo l'espressione "Khmer Rossi" (Khmer Rouges) che, da quel momento in poi, verrà utilizzata da tutti i mezzi di comunicazione a livello internazionale per identificare gli uomini guidati da Pol Pot. Nel giugno dello stesso anno inoltre viene arrestato e successivamente ucciso anche il leader comunista Tou Samouth.

Da quel momento in poi la guida del movimento verrà presa da Pol Pot in maniera pressoché totalitaria, anche se per l'investitura ufficiale (avvenuta durante un incontro segreto tra i maggiori funzionari del partito) si dovrà aspettare ancora una manciata di mesi.

Clandestinità

Nel marzo del 1963 il nome di Saloth Sar entra nella lista dei maggiori ricercati in Cambogia, costringendo inevitabilmente il leader Khmer a una clandestinità nelle foreste al confine tra Cambogia e Vietnam, clandestinità che durerà diversi anni e che diventerà il tratto caratteristico dell'operato di Pol Pot anche dopo la sua parentesi al potere. Peraltro è proprio grazie all'aiuto dei più esperti e organizzati Viet Cong che i primi nuclei clandestini di Khmer Rossi prendono corpo e iniziano a strutturarsi in maniera organica. Vengono costruiti alcuni campi segreti nella foresta cambogiana in cui vengono e indottrinati i futuri combattenti cambogiani. Anche l'ideologia di base dei Khmer Rossi a poco a poco prende forma ed inizia a strutturarsi proprio in quegli anni di lotta clandestina.

L'ideologia Khmer

Distanziandosi in maniera decisamente notevole dal marxismo classico, i Khmer Rossi individuano nella classe contadina l'unica e vera risorsa per la rivoluzione cambogiana. Il proletariato in senso lato, o la classe operaia, non vengono considerati elementi utili alla liberazione del Paese anzi, come vedremo in seguito, vengono addirittura etichettati come pericolosi nemici della rivoluzione.

I contadini analfabeti per l'ideologia Khmer costituiscono lo zoccolo duro del movimento, ma in quel periodo non sono pochi anche i professionisti e gli studenti delle città cambogiane che decidono di mollare tutto per unirsi al gruppo facente capo a Saloth Sar.

Il sogno di una Cambogia libera, democratica e indipendente, contagia infatti ampie fasce della popolazione. Purtroppo per loro, come avremo modo di vedere, avranno modo di pentirsi amaramente di quella scelta.

La rottura con il Viet Minh

Nel 1965 Saloth Sar si incontra con i leader del movimento nord-vietnamita allo scopo di ottenere il loro preziosissimo appoggio nell'eventualità di una insurrezione armata in Cambogia.

Purtroppo, con enorme stupore da parte dei Khmer, l'appoggio di cui avevano un disperato bisogno viene loro negato in maniera categorica.

Il re Sihanouk ha infatti dimostrato di essere più astuto dei suoi rivali battendo Pol Pot sul tempo. Dopo una serie di trattative segrete è arrivato a promettere ai Viet Minh l'utilizzo del territorio cambogiano e dei suoi porti nella loro guerra fratricida contro il governo del Vietnam del Sud, appoggiato politicamente e militarmente dagli Stati Uniti[4].

Per Saloth Sar e i suoi si tratta di uno smacco intollerabile, un ferita che non si rimarginerà mai più. Da quel momento in poi, i rapporti tra i Khmer Rossi e la popolazione vietnamita diventeranno sempre più tesi, fino a sfociare

---

[4] A questo proposito si veda "La guerra del Vietnam", Richard J. Samuelson, 2014, LA CASE Books.

in una aperta ostilità di stampo razziale, come scriverà poi lo stesso Pol Pot nel 1978:

«[…] Non ha importanza che il Vietnam sia comunista, capitalista oppure una colonia, perché è comunque un paese espansionista e affamato di terra. Il vietnamita è un conquistatore che vuole fagocitare i territori di altri paesi […]».

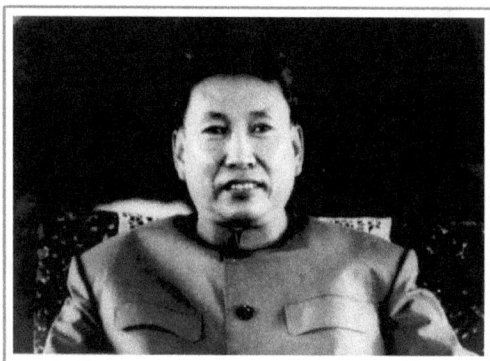

Pol Pot, foto d'archivio.

RIVOLTA ARMATA

Dopo aver incassato un secco e inaspettato no da parte dei nord vietnamiti, i vertici del partito comunista cambogiano però non demordono. Ormai hanno superato la linea di non ritorno, devono insistere. Tornati in patria decidono che, nonostante tutto sembri contro di loro, ormai è arrivato il momento di fare da soli e iniziano così a progettare la rivoluzione armata.

Per prima cosa decidono di dare vita a una serie di basi operative clandestine sparse in tutto il territorio cambogiano. Nel frattempo il lavoro di propaganda ideologica viene intensificato e diffuso in maniera capillare in tutto il Paese al fine di raccogliere il maggior consenso possibile, soprattutto tra gli strati più bassi della popolazione che continuavano a vivere in condizioni di povertà estrema.

La situazione precipita e nei primi mesi del 1966 cominciano a scoppiare i primi focolai di rivolta spontanea nelle campagne. A scatenarli un incontrollato e inaspettato aumento del prezzo del riso che aveva messo in ginocchio gran parte della popolazione, che dipendeva in gran parte proprio dal riso per la sua sopravvivenza.

I Khmer Rossi però non sono ancora sufficientemente organizzati per approfittare concretamente da questi primi segnali di rivolta, ecco perché non riescono a prendere in mano la situazione per imprimere una svolta alla loro lotta. Comunque sia il malcontento generale spinge sempre più persone ad unirsi al partito clandestino guidato da Saloth Sar che, ormai, è diventato il leader incontrastato di ogni movimento di protesta nel paese.

Rivoluzione!

Il 18 gennaio 1968 è considerata dagli storici e dagli studiosi la data ufficiale dell'inizio della rivoluzione cambogiana. Quel giorno, infatti, alcuni nuclei armati dei Khmer Rossi attaccano una base militare nel Nord del Paese. Questo primo attacco viene contenuto facilmente dai militari ma, nonostante tutto, i ribelli Khmer riescono comunque ad impossessarsi di un gran numero di armi e munizioni, che erano poi l'obiettivo principale di questo piccolo blitz a sorpresa.

Dov'è Saloth Sar quando tutto ha inizio? Il leader rivoluzionario ha scelto di non partecipare a quell'azione militare, si trova ben nascosto   al sicuro nella foresta cambogiana: la sua latitanza rivoluzionaria dura ormai da anni.

Paranoia

Il futuro Pol Pot da diverso tempo vive ormai in uno stato pressoché assoluto di isolamento, e in queste condizioni è inevitabile che la sua paranoia cresca giorno dopo giorno, fino ad assumere livelli incontrollabili. Ormai è diventato il leader unico e incontrastato del partito, ma si circonda solo di pochi fedelissimi, vede nemici mortali e cospirazioni segrete dappertutto, vive in uno stato di assedio mentale permanente. Nessuno può avvicinalo o parlargli se non attraverso una serie di filtri attentamente studiati e pianificati.

Ogni cosa viene controllata e mediata con attenzione dal suo staff di consiglieri diretti e fidatissimi, e in questo modo è facile immaginare come si crei una situazione di totale isolamento dalla realtà.

Infiamma la rivolta

A poco a poco intanto la rivolta divampa in maniera sempre più diffusa anche nelle vaste aree rurali del paese. Alle azioni militari si affiancano ben presto precise strategie politiche e mediatiche, come in ogni rivoluzione di questo tipo che non può contare soltanto sulla spinta dal "basso". Mentre il re Sihanouk combatte i Khmer Rossi sul fronte interno, sul fronte internazionale cerca indifferentemente il supporto di Cina, Unione Sovietica, Francia e Stati Uniti. La politica diplomatica schizofrenica di Sihanouk però si scontra con la dura realtà di guerra. Ben presto il regnante finisce per firmare di nuovo una serie di accordi segreti con i rivoluzionari comunisti del Vietnam del Nord. Alle truppe di Ho Chi Minh viene offerto ancora una volta il libero utilizzo del territorio Cambogiano nella loro lotta contro il Vietnam del Sud che, a quell'epoca, era sotto la diretta influenza politico-militare degli Stati Uniti. Per quanto dovessero restare segreti questi accordi vengono ben presto intercettati dalla CIA.

A questo punto gli USA, di fronte a una situazione per loro assolutamente intollerabile, accusano il governo cambogiano di aver rotto la neutralità per dare aiuto ai Viet Cong, inserendo così il governo di Sihanouk nella loro lista nera.

Escalation

Il presidente Nixon approfitta dunque di quella situazione piuttosto confusa per cercare di ottenere un vantaggio strategico concreto nel complesso e delicatissimo scacchiere indocinese. Vengono così autorizzate le prime operazioni militari segrete contro la Cambogia, ma nel lungo periodo quella mossa si rivelerà un clamoroso autogoal. Allargando il perimetro del conflitto a un'area ancora più vasta, infatti, l'esercito americano si trovava *de facto* a fare i conti con una molto superficie maggiore da controllare, e di conseguenza con un relativo aumento esponenziale della complessità di gestione di tutta la situazione. Con i bombardamenti dei B52 e il napalm l'incubo infinito della guerra del Vietnam arriva dunque anche all'interno del territorio cambogiano.

Una nuova strategia

Nel 1969 il partito dei Khmer Rossi attua una svolta tattico-politica. Viene deciso di non attaccare più la figura il re cambogiano Sihanouk, ma di concentrarsi piuttosto sui partiti di destra colpevoli, a loro dire, di tramare insieme agli americani per conquistare e occupare la Cambogia dopo aver piegato il Vietnam. Anche se ad un analista distratto o superficiale questa potrebbe sembrare una mossa quantomeno discutibile, in realtà si tratta di un vero e proprio colpo di genio nella tattica del partito rivoluzionario guidato da Pol Pot.

Il re Sihanouk era una figura enormemente popolare e ancora molto rispettata dalle grandi masse cambogiane, fattore molto comune peraltro presso i popoli orientali che avevano un profondo e radicato senso del rispetto nei confronti dei loro sovrani. Con questa svolta inaspettata, invece, in un colpo solo i Khmer

Rossi riescono ad accaparrarsi la simpatia del regnante e anche il supporto di milioni di persone, e i risultati di questo nuovo e imprevedibile corso della rivoluzione cambogiana non tarderanno a farsi sentire.

Golpe Americano

Nel gennaio 1970 re Sihanouk viene costretto all'esilio da un golpe di palazzo orchestrato dalle forze speciali statunitensi che erano presenti nel territorio cambogiano. Al suo posto viene insediato un militare, il generale Lon Nol, che aveva posizioni dichiaratamente filo-americane. Il classico governo fantoccio nelle mani della CIA insomma.

Dal suo esilio il re, attraverso un comunicato radio, arriva addirittura ad appoggiare il partito dei Khmer Rossi e invita tutto il popolo cambogiano a sostenere la loro rivoluzione armata contro il nuovo governo filo-americano. Peraltro la presenza americana in Cambogia in teoria dovrebbe essere tutto sommato limitata, perlomeno questo è quello che ha stabilito ufficialmente il Congresso degli Stati Uniti, ma la situazione in realtà è decisamente diversa, come ha ben raccontato il celebre giornalista italiano Tiziano Terzani, all'epoca inviato speciale a Phnom Penh:

«La presenza americana a Phnom Penh è tenuta nei limiti imposti dal Congresso (non più di 200 funzionari), ma è fin troppo apparente.

Al ristorante La Taverne, sulla silenziosissima Place de Poste, rimasta intatta dal 1890 come fossero le quinte di un vecchio teatro francese, si riuniscono ogni sera con le loro radio trasmittenti che strabuzzano dalla tasca dei pantaloni bianchi o violetti i consiglieri militari, americani giovani delle "forze speciali" mandate qui dal Vietnam a combattere una guerra che possono raccontare, come fanno, solo a se stessi, perché ufficialmente quella americana in Cambogia è una guerra segreta.

La loro rumorosità contrasta con le chiacchiere in sordina di un gruppo di professori francesi, residui dell'era coloniale, che si ritrovano alla stessa ora appollaiati sugli sgabelli del bar, sotto i grandi ventilatori, a bere il classico *pastis* [...][5]».

---

[5] Fantasmi. Dispacci dalla Cambogia, Tiziano Terzani, 2008, Longanesi.

Guerra Civile

Il golpe di Lon Nol segna ufficialmente l'inizio di una guerra civile che dividerà letteralmente il paese in due, con conseguenze a dir poco disastrose per tutto il popolo cambogiano. Si tratta di una guerra violentissima e senza esclusione di colpi, combattuta tra l'esercito regolare cambogiano e i Khmer Rossi, ai quali ora si sono uniti non solo alcuni reparti Vietcong, ma anche moltissimi simpatizzati del re Sihanouk. I continui, violentissimi e ripetuti bombardamenti americani poi non fanno altro che ingrossare il sostegno nei confronti di Saloth Sar e i suoi da parte degli strati più umili della popolazione.

Basta dare un'occhiata ad alcune cifre per capire al volo la situazione sul fronte interno: nel 1970 il partito contava appena 4.000 unità, ma già nel 1975 questo numero era salito fino a 14.000 uomini.

Tra il 1970 ed il 1975 il Governo Statunitense intanto aveva fornito al Governo di Lon Nol armi edaiuti economici per un valore di circa 1 miliardo e mezzo di dollari.

Alla fine, quando gli americani decidono di lasciare il Vietnam e quella maledetta "guerra sporca", sospendono istantaneamente anche ogni aiuto al governo di Lon Nol, abbandonando di fatto la Cambogia al suo destino. Un destino drammatico che nessuno avrebbe mai potuto immaginare.

La bandiera della Kampuchea Democratica

LA PRESA DEL POTERE

Il 1971 è un anno decisivo per la rivoluzione cambogiana guidata da Pol Pot e dai suoi spietati Khmer Rossi. È a partire da quell'anno, infatti, che le forze rivoluzionarie iniziano a controllare una fetta sempre più grande del territorio cambogiano.

La pratica rivoluzionaria

Quando conquistano un villaggio, una città o un'intera regione, i Khmer Rossi passano immediatamente dalle parole ai fatti. Ogni forma di proprietà privata viene subito confiscata, mentre le terre vengono assegnate a cooperative controllate direttamente dal partito. Tutte le scuole inoltre vengono chiuse: al loro posto vengono edificati nuovi centri di indottrinamento politico. Commercianti, studenti e persone della classe media vengono arruolati a forza nelle milizie armate ma, da questo momento in poi, non viene loro più permesso di entrare a far parte del partito.

Questo accanimento violento e ideologico contro la classe media può sembrare paradossale, se non apertamente ridicolo, dato che quasi tutti i vecchi gerarchi del partito, incluso lo stesso Saloth Sar, provenivano proprio da quella classe media che volevano distruggere, e avevano inoltre avuto accesso a tutti i gradi dell'istruzione superiore, a differenza della maggior parte del popolo cambogiano. Il risultato di questa mossa scellerate fu quello di creare un partito con al vertice una minoranza istruita e alla base una massa di contadini e pescatori praticamente semi-analfabeti.

Le minoranze culturali poi vengono costrette senza troppe formalità ad uniformarsi agli usi e costumi del popolo Khmer. Vengono inoltre severamente proibiti monili, gioielli e decorazioni di qualsiasi tipo, ogni forma di lusso, per quanto minima, deve sparire. Anche le automobili, le biciclette e tutti gli altri mezzi di trasporto vengono sequestrati immediatamente, nessuno escluso. Stesso discorso per quanto riguarda le informazioni, che subiscono un controllo totale da parte del nuovo regime. Le uniche informazioni che circolano all'interno delle zone controllate dai rivoluzionari sono infatti quelle filtrate e approvate dal partito.

Enormi altoparlanti vengono issati un po' dappertutto nella giungla e nelle campagne e vengono utilizzati per diffondere a ritmo continuo i ripetitivi messaggi di propaganda politico-rivoluzionaria.

Fine della guerra in Vietnam

Nel 1972 a Parigi viene firmato il "cessate il fuoco" definitivo in Vietnam. Le truppe Viet Cong, che fino a quel momento avevano affiancato i Khmer Rossi, in base a questi accordi accettano dunque di ritirarsi dalla Cambogia. Dal canto loro i Khmer Rossi rifiutano in maniera categorica di firmare qualsiasi accordo di pace. Per tutta risposta gli Stati Uniti iniziano una campagna di bombardamenti a tappeto in territorio cambogiano, aumentando a dismisura l'intensità degli attacchi e la violenza delle devastazioni.

Ecco come il già citato storico americano David P. Chandler ricorda quegli eventi a dir poco drammatici:

«Visto che i Khmer Rossi non firmano il cessate il fuoco allora gli americani dicono "Ok non hanno firmato l'accordo e allora sarà questo l'unico luogo dell'Indocina in cui potremmo impegnaci militarmente". Così autorizzano i bombardamenti a tappeto della Cambogia del 1973. Bombardamenti peraltro ce n'erano già stati molti tra il 1969 ed il 1971, i cosiddetti "bombardamenti segreti" lungo il confine tra Vietnam e Cambogia.

Nel 1973 si cominciano invece a colpire le aree popolate allo scopo di ritardare la conquista di Phnom Penh da parte dei Khmer Rossi [...][6]».

L'orrore dilaga

Nemmeno l'intensificarsi dei bombardamenti però riesce a rallentare o a fermare i Khmer Rossi che, nel 1973, controllano in maniera più o meno diretta ormai due terzi del territorio e circa metà della popolazione. Tutte le città cambogiane

---

[6] David P. Chandler, Op. cit.

vengono sistematicamente cinte d'assedio e isolate in modo da far sì che non possano ricevere nessun rifornimento di viveri, medicinali ed armi.

Un po' dappertutto si iniziano a costruire i primi campi di concentramento e prendono il via anche le prime esecuzioni di massa ai danni di intellettuali e persone istruite. Il solo saper leggere e scrivere, infatti, è una colpa grave agli occhi dei Khmer Rossi.

Reset

L'idea di base di quello che oggi viene ricordato in maniera a dir poco eufemistica come un progetto di "ingegneria sociale", è quella di ricreare una nuova popolazione che non abbia alcuna influenza culturale straniera. Per giungere a questo obiettivo vengono quindi eliminati tutti coloro che possano anche solo essere stati esposti ai costumi o alle usanze occidentali.

Maestri, professori, medici, impiegati, avvocati, giudici, ma anche semplici commercianti e professionisti di ogni tipo vengono trucidati senza pietà. In questa follia senza fine anche il semplice fatto di portare gli occhiali viene considerato un elemento più che sufficiente per essere condannati a morte senza alcuna possibilità di appello. Le condanne poi vengono eseguite nei modi più crudeli e spietati, e cioè con martelli, badili o anche con semplici sacchetti di plastica infilati in testa e chiusi per far soffocare la vittima di turno.

Per i Khmer Rossi infatti queste persone non meritano nemmeno lo spreco di una pallottola. Ancora più inquietante la frase agghiacciante che accompagna ogni sentenza di morte:

«Sei molto libero, compagno».

Purghe interne

Le città conquistate vengono subito evacuate e la popolazione costretta a trasferirsi in massa nelle campagne dove viene impiegata in lavori manuali, oppure nelle risaie allo scopo di ritrovare una presunta antica purezza perduta a causa della vita di città. Nello stesso periodo iniziano anche le prime durissime purghe all'interno dello stesso partito rivoluzionario cambogiano. Un alto ufficiale Khmer di nome Prasith viene giustiziato senza tante cerimonie per il solo fatto di essere di origine tailandese. Allo stesso modo tutti i membri del partito di origine tailandese o straniera vengono individuati e uccisi uno a uno senza nessuna pietà.

Inizia dunque a defilarsi in maniera molto chiare l'impostazione profondamente razzista del pensiero di Pol Pot, che insegue un folle e spietato sogno di "purezza" cambogiana non solo da un punto di vista ideologico o culturale, ma anche per quanto riguarda gli aspetti prettamente razziali.

Agli inizi del 1975 comunque i Khmer Rossi controllano ormai praticamente tutto il territorio nazionale e sono indiscutibilmente la prima forza militare e politica all'interno del paese. Soltanto l'antica capitale della Cambogia, Phnom Penh, resiste strenuamente agli attacchi Khmer, ma tutti ormai si sono resi perfettamente conto che è solo questione di settimane, se non di giorni, prima che anche Phnom Penh cada una volta per tutte sotto il gioco dei rivoluzionari guidati da Pol Pot.

Resti di teschi umani visibili a Tuol Sleng, ex centro
di detenzione dei Khemr Rossi trasformato oggi
in un museo che testimonia la violenza
del regime instaurato da Pol Pot.

INIZIA L'INCUBO

Il 17 aprile 1975 anche la capitale alza definitivamente bandiera bianca. I Khmer Rossi entrano finalmente vittoriosi a Phnom Penh. Gli inviati della stampa internazionale parlano entusiasti di scene di gioia e fratellanza, una vera e propria festa popolare con guerriglieri e soldati governativi che si abbracciano senza che si verifichi nessuna scena di violenza o di guerra. A leggere i primi resoconti della stampa infatti sembra quasi di trovarsi di fronte a una situazione idilliaca, un sogno eroico e romantico che finalmente si è tramutato in realtà.

Ecco cosa racconta ad esmpio Sven Oskar Ruhmen, inviato in Cambogia per il giornale svedese Aftonbladet, che si trovava Phnom Penh propio il giorno dell'entrata dei Khmer Rossi:

«Per uno spettatore svedese è stato uno spettacolo straordinario. Personalmente non ho mai assistito a una scena più bella. Mi sono sentito felice e sollevato, e non ho potuto fare a meno di piangere davanti a ciò che vedevo».

Ironia della sorte, la comunicazione di Ruhmen sarà l'ultima inviata dalla stampa da Phnom Penh: subito dopo i telefoni, le radio e le telescriventi, cambogiane o straniere, vengono subito oscurate in maniera totale.

Nessuno parla ancora di Pol Pot, per tutta la stampa mondiale i leader della rivoluzione sono essenzialmente il principe Sihanouk e Khieu Samphan, una sorta di Che Guevara cambogiano che riesce a conquistare il suo interlocutore grazie a un fascino innato che gli conferisce un'irresistibile aria di intellettuale ribelle. Nessuno dunque nomina Pol Pot, nessuno sembra nemmeno conoscere il vero leader dei Khmer Rossi. Il suo nome manca completamente da tutti i resoconti fatti all'epoca dagli inviati della stampa mondiale.

Conosciuto soltanto all'interno di una ristrettissima élite di iniziati, il vero leader della rivoluzione cambogiana continua a restarsene nascosto nell'ombra.

Molto presto però quella situazione idilliaca da rivoluzione poetica e romantica cambia radicalmente. Il nuovo regime dimostra molto velocemente una violenza e una disumanità senza precedenti. Iniziano le deportazioni, le esecuzioni sommarie, le violenze gratuite, le purghe politiche, le stragi indiscriminate. In un parola, inizia l'orrore.

La testimonianza di Tiziano Terzani

Ecco come ricorda quei fatti un testimone d'eccezione come Tiziano Terzani che, proprio in quei gironi, si trovava nella capitale cambogiana come inviato di guerra:

«Una volta mi sono salvato la vita guardando la gente in faccia. Ero in Cambogia ed ero stato catturato dai Khmer Rossi. Mi avevano messo al muro per fucilarmi come spia americana.

Io non parlo il khmer ma parlo il cinese e nel gruppo di giovani che mi stava intorno ho visto uno che aveva la pelle più chiara e che era cinese. Allora gli ho parlato in cinese e lui mi è venuto a tradurre in khmer e mi ha salvato. Io guardavo questi ragazzi sorridendo, questa è una regola che ho osservato altre volte e che mi ha tolto da molti imbarazzi. Spesso non si parla la lingua della gente ma se tu parli con gli occhi e tenti di mostrare la tua sincerità ti fai accettare[7]».

L'orrore

Come abbiamo ricordato in precedenza appena giungono in città i Khmer Rossi vengono acclamanti dalla popolazione come dei liberatori. Purtroppo però bastano poche ore perché l'atmosfera cambi radicalmente e, quello che all'inizio sembrava un sogno di libertà, si trasformi in un incubo agghiacciante.

In meno di 72 ore infatti l'intera popolazione della capitale (stiamo parlando di due milioni di persone circa) viene fatta evacuare nelle campagne. Membri delle stesse famiglie vengono spesso separati in maniera brutale e senza troppe spiegazioni, vengono semplicemente "ricollocati" in zone diverse del Paese dove sono costretti a lavorare in fattorie comuni. Per milioni di cambogiani è l'inizio di un folle incubo destinato purtroppo a durare per circa tre anni.

---

[7] Tiziano Terzani, op. cit.

Le mine anti-uomo, che Pol Pot lodava come "soldati perfetti", vengono disseminate in tutto il territorio.

Leggiamo uno dei tanti proclami che venivano diffusi in continuazione da Radio Phnom Phen:

«Allo stesso modo in cui lottavamo per cacciare i colonialisti francesi e giapponesi e, recentemente, gli imperialisti americani, continuiamo ora la nostra battaglia per costruire e difendere il paese grazie allo stesso eroismo rivoluzionario».

Il governo dei Khmer Rossi ripeteva spesso attraverso la radio che la nuova utopia comunista aveva bisogno soltanto di un milione o due di persone, tutti gli altri erano superflui.

Per tutti gli altri infatti valeva questo lugubre detto:

"Tenervi non comporta alcun beneficio, eliminarvi non comporta alcuna perdita".

Sul fronte dell'economia e della produzione interna vengono invece applicati i principi dell'autarchia in maniera rigorosa. L'importazione di beni dall'estero, come del resto le relazioni diplomatiche con gli altri Paesi, vengono immediatamente sospese senza nessuna ulteriore comunicazione. La Cambogia deve bastare a se stessa in tutto e per tutto, sia per quanto riguarda gli aspetti culturali che per quelli meramente materiali. Vengono poi istituite tre nuove classi sociali in modo da etichettare in maniera rigida tutta la popolazione.

La fine della proprietà privata

Intervistato dal giornalista Peter Froberg Idling, un ex funzionario del partito comunista cambogiano ha spiegato come cambiò di colpo la concezione stessa della società cambogiana:

«La soppressione totale di ogni forma di proprietà privata, spirituale come materiale, fu introdotta soltanto dopo l'aprile 1975. Prima non se n'era mai accennato. A partire dal 1976 se ne parlava come di una condizione da rispettare, ma per noi non costituiva un problema particolarmente grave. Eravamo convinti infatti che fosse giusto, e avevamo già consacrato la nostra vita, la nostra stessa esistenza, alla rivoluzione».

E, ancora, leggiamo alcune frasi che venivano utilizzate in quelle che erano chiamate "campagne di rieducazione":

«La prima cosa da fare è distruggere la proprietà privata. Ma la proprietà privata esiste sia sul piano materiale che su quello immateriale. Evacuare le città era la strategia giusta per distruggere la proprietà privata.

Ma la proprietà immateriale è più pericolosa, ed è costituita da tutto ciò che voi percepite come "vostro", tutto ciò che voi credete esista in relazione a voi stessi: i vostri genitori, la vostra famiglia, vostra moglie. Tutto ciò di cui voi dite: "è mio" è infatti proprietà privata immateriale. Ragionare in termini di "me" e "mio" è proibito e sbagliato. Dovete dire semplicemente "la nostra famiglia". L'intera nazione cambogiana è infatti l'unica nostra grande famiglia. Per questo siete stati separati [...]».

Gli eliminabili

Al gradino più basso della società adesso si trovano i cosiddetti "eliminabili", ovvero gli abitanti delle città, i politici, i contestatori o, molto semplicemente, chiunque abbia ricevuto un'istruzione di qualsiasi tipo. Saper leggere e scrivere come abbiamo ricordato in precedenza è già una colpa più che sufficiente per subire una condanna a morte o, perlomeno, per essere considerati eliminabili. Gli eliminabili vengono dunque impiegati nei lavori di fatica più duri e, quando non sono più utili in alcun modo, vengono appunto eliminati fisicamente senza perdere tempo in processi o discussioni. La pietà non è un'opzione contemplata nel folle sogno di rinascita della Cambogia messo in atto dai Khmer Rossi.

Se un abitante medio di quella regione del mondo in quegli anni consumava circa sette ciotole di riso al giorno, a quanti erano costretti ai lavori forzati in Cambogia ne vengono date appena due, a fronte di un ritmo di lavoro completamente disumano. Facile capire perché molti di questi poveretti morirono letteralmente di fame, di stenti e di privazioni in seguito a quel trattamento semplicemente bestiale.

Ovunque nel paese sorgono i famigerati "Killing Fields" ovvero i campi di morte dove migliaia e migliaia di persone completamente inermi e innocenti vengono uccise e massacrate senza pietà.

La contabilità dell'orrore

Il numero ufficiale di vittime causate dal regime di Pol Pot è conteso dato che, per mille motivi diversi, si tratta di una cifra estremamente difficile da calcolare in maniera precisa e accurata, come del resto accade sempre in casi di massacri di massa di queste proporzioni.

La Repubblica Popolare di Kampuchea, il regime cambogiano fortemente sponsorizzato dal Vietnam, ha parlato ufficialmente di tre milioni di morti soltanto per il periodo che va dal 1975 al 1979. Oggi si tende a stimare la cifra più al ribasso, ma anche così rimane il fatto che tra il 1975 e il 1979 in Cambogia perlomeno una persona su quattro venne assassinata direttamente o fatta morire di stenti all'interno dei campi di concentramento.

In seguito a quella situazione disumana il paese, già di per sé non densamente popolato, si svuotò quasi del tutto fino a diventare una sorta di nazione fantasma. Padre François Ponchaud suggerì una cifra di 2,3 milioni di cambogiani uccisi, anche se questo numero comprende centinaia di migliaia di persone che morirono prima dell'ascesa al potere dei Khmer Rossi. L'Università di Yale stimò 1,7 milioni di vittime,

Amnesty International 1,4 e il Dipartimento di Stato degli Stati Uniti 1,2. Khieu Samphan e Pol Pot, da cui ci si poteva attendere delle sottostime anche soltanto per motivi biecamente di opportunità politica, rispettivamente diedero cifre di 1 milione e di 800.000 persone.

Quattro mesi dopo la grande assemblea convocata da Pol Pot, in un documento ufficiale datato 22 settembre 1975, si registra ad esempio che il 95% dei monaci è semplicemente "scomparso" dalla Cambogia. Il funzionario che ha redatto quel rapporto continua scrivendo di essere certo che i pochi monaci rimasti nel Paese non costituiranno nessun problema per il futuro della Cambogia.

La pagoda, fino ad allora centro secolare di aggregazione di ogni comunità locale, viene sostituita dalla mensa collettiva. In Cambogia esistevano circa 3.000 pagode: nel giro di poche settimane vengono tutte convertite in magazzini o, nei casi peggiori, in prigioni. La CIA stimò un numero di esecuzioni capitali sommarie compreso tra le 50.000 e le 100.000. Tuttavia queste sono soltanto le esecuzioni accertate o fatte in seguito a una precisa decisione, ma il numero totale di persone ammazzate in modo violento è senza alcun dubbio di gran lunga superiore. Le stime più recenti variano da 700.000 a 1.700.000 di persone sterminate sotto il folle regime di Pol Pot, tra le quali ci furono anche numerosi anziani, disabili e bambini.

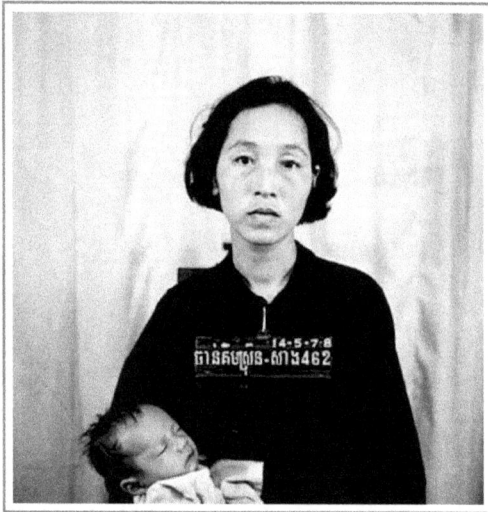

Una delle migliaia di vittime di S-21,
la prigione mattatoio in cui vennero
trucidate migliaia di persone dopo essere
state regolarmente schedate e fotografate
e "interrogate". Anche i bambini venivano uccisi,
ma non erano inclusi nel macabro
schedario dei Khmer Rossi.

ORRORE SENZA FINE

Fra le torture effettuate dai Khmer Rossi ve ne sono fra le più inimmaginabili: scariche di elettroshock, dita mozzate, unghie strappate, detenuti costretti a mangiare i propri escrementi.

Come abbiamo sottolineato in precedenza spesso la ferocia dei Khmer Rossi si attuava uccidendo le persone a bastonate, a badilate, a colpi di zappa e con armi da taglio, in teoria tutto questo per evitare lo "spreco" di pallottole, ma di fatto anche per sfogare in maniera sadica e bestiale una crudeltà figlia dell'ideologia cieca, un'ideologia che non può essere compresa se non la si paragona al fanatismo religioso della peggior specie.

Il Fratello Numero Uno

Dopo la conquista definitiva di Phnom Penh, Saloth Sar diventa per tutti semplicemente il "Fratello Numero Uno" e prende il nome con il quale sarà per sempre tristemente conosciuto, ovvero Pol Pot. L'origine del nome Pol Pot a tutt'oggi non è ancora del tutto chiara e si presta a diverse interpretazioni.

Per alcuni infatti sarebbe l'abbreviativo di "Politique Potentielle" (Politico potenziale), un nomignolo affibbiato a Saloth Sar tempo addietro dai leader comunisti cinesi. Secondo altri invece potrebbe far riferimento agli schiavi "Pol", una razza aborigena cambogiana. Secondo una terza interpretazione infine "Pol" starebbe per San Paolo, ed il soprannome sarebbe stato dato a Saloth Sar sin dai tempi della scuola cattolica che aveva frequentato in gioventù.

Il 5 gennaio 1976 comunque entra ufficialmente in vigore la nuova costituzione e il nome del paese viene cambiato in "Kampuchea Democratica". Pochi giorni dopo il principe della Kampuchea Democratica Sihanouk, alleato dei Khmer Rossi durante la guerra civile, viene a sorpresa messo agli arresti domiciliari.

Pol Pot

Il 13 maggio 1976 Pol Pot viene ufficialmente nominato Primo Ministro: è la prima volta che la popolazione cambogiana sente questo nome. Fin dall'epoca dell'entrata in clandestinità nella giungla indocinese inoltre Pol Pot non fece assolutamente nulla per mantenere i contatti con i suoi familiari, che difatti furono anche loro "regolarmente" deportati come tutti gli altri cambogiani. Suo fratello Saloth Nhep dichiarò in un'intervista alla BBC di essere venuto a conoscenza della vera identità di Pol Pot soltanto dopo aver casualmente visto un suo ritratto ufficiale mentre si trovava in una cucina collettiva. Fino ad allora aveva completamente ignorato che il leader del partito rivoluzionario cambogiano fosse suo fratello.

Un episodio del genere la dice lunga sulla follia e sull'estremismo completamente disumano di Pol Pot. Anche i più efferati e brutali dittatori della storia sono infatti ricordati per degli episodi di clemenza nei confronti di amici o conoscenti, o per aver in qualche caso alleggerito il loro estremismo politico e la loro dogmatica ideologia in particolari contesti. Per dirla in parole semplici anche i dittatori e i criminali più spietati nel corso della loro esistenza hanno dimostrato qualche barlume di umanità, per quanto piccolo potesse essere. Lo stesso Adolf Hitler, per esempio, risparmiò dai campi di concentramento e dalle leggi razziali il medico che aveva curato sua madre, che pure era ebreo, per una sorta di riconoscenza nei confronti di quell'uomo. Lo stesso dicasi per diversi gerarchi nazisti e fascisti che in circostanze ben precise fecero scelte simili.

Pol Pot invece sembra essere immune da qualsiasi legame con l'ambiente che lo circonda e, per di più, impone in maniera ferrea questo suo distacco disumano a tutti i membri del partito, oltre che naturalmente alla stessa popolazione. Quando per esempio venne deciso di eliminare tutti coloro che avessero delle origini vietnamite, venne chiesto direttamente ai familiari stessi di provvedere personalmente alla loro eliminazione.

Quindi se un cambogiano era sposato con una donna di origini vietnamite doveva ucciderla con le sue mani, pena la morte o l'invio immediato in un campo di lavoro di entrambi e di tutti i familiari.

Magnifiche sorti e progressive

Per provare a capire la follia e la disumanità di Pol Pot e del suo regime può essere molto utile rileggere alcune dichiarazioni del leader rivoluzionario cambogiano, dichiarazioni fatte nel 1977 durante un discorso ufficiale a tutta la nazione. Parole che, se messe a confronto con la reale situazione del paese, fanno davvero inorridire:

«La forza fondamentale della nostra rivoluzione sta nei contadini. La situazione nel nostro paese è diversa da quella dei paesi industriali; gli operai non erano la principale forza di lotta dietro la nostra rivoluzione.

Inizialmente, fummo anche attivi fra gli operai. Dal 1955, eravamo riusciti a organizzare il movimento degli operai in tutto il paese. Il compagno che lavora come segretario assistente del Partito fu incaricato di guidare questo movimento. La nostra classe operaia però era numericamente bassa. Il movimento era attivo in ogni fabbrica, ma non era in grado di resistere alla repressione del nemico. Ogni volta che il movimento insorgeva, veniva presto distrutto. Il movimento riemergeva e il nemico lo distruggeva di nuovo. [...] Prendiamo l'agricoltura come fattore essenziale e ci serviamo dei capitali accumulati attraverso l'agricoltura per costruire in maniera progressiva l'industria e trasformare in breve tempo la Kampuchea in un paese agricolo moderno, poi in un paese industriale, attenendoci fermamente alla linea di indipendenza, di sovranità e di contare fondamentalmente sulle nostre forze. [...]

Il nostro obiettivo è di mettere in campo, consolidare e sviluppare progressivamente i complessi industriali e artigianali di grandi, medie e piccole dimensioni, a Phnom Penh, nelle altre zone, regioni, distretti e nelle cooperative. [...] Nell'immediato il nostro obiettivo principale (nell'educazione, ndr) è l'eliminazione completa dell'analfabetismo. Nella vecchia società vi erano delle scuole e licei e un certo numero di facoltà ma in campagna il 75% della popolazione, in particolare i contadini poveri e medio poveri non sapevano né leggere né scrivere, e anche in città il 60% dei lavoratori erano completamente analfabeti. Attualmente, appena due anni dopo la liberazione, solo il 10% della popolazione è analfabeta. [...]

Abbiamo sviluppato e svilupperemo delle reti sanitarie creando dei centri ospedalieri e dei centri di fabbricazione dei medicinali in tutte le cooperative e anche nella capitale. […]

La salute del nostro popolo ha conosciuto un miglioramento considerevole. Abbiamo eliminato del tutto le malattie sociali e la tossicomania […]»[8].

Significativi anche una serie di estratti dal discorso pronunciato da Pol Pot nel 1978 in occasione del banchetto d'onore per la delegazione cinese in visita in Cambogia, da cui emerge anche la concezione fortemente nazionalistica di Pol Pot e l'odio profondo nei confronti del Vietnam:

«Il partito comunista cinese e la Repubblica Popolare cinese sono diventati un fattore molto importante nel dare fiducia al movimento rivoluzionario, ai popoli sfruttati e oppressi in tutto il mondo, e anche ai popoli e ai paesi che lottano per difendere e salvaguardare la loro indipendenza, sovranità, integrità territoriale e il loro diritto di decidere il loro proprio destino […].

[8] "Long live the 17th anniversary of the Communist Party of Kampuchea", discorso pubblicato in "New York: Group of Kampuchean Residents in America", 1977.

Nella sua aggressione contro la Kampuchea, sin dalla fine del 1977 fino a oggi, il nemico vietnamita ha subìto pesanti sconfitte. La sua strategia di "attacco lampo, vittoria lampo", volta a prendere possesso della Kampuchea, ha subìto la sconfitta totale, e probabilmente è stato costretto ad adoperare la strategia della "lotta prolungata", che è la più sfavorevole per gli aggressori, chiunque essi siano.

Quindi, la loro sinistra strategia espansionistica intesa ad inghiottire la Kampuchea ha fallito, ed è stata smascherata alla luce del sole. Lo stesso vale per la loro strategia della "Federazione indocinese", la loro strategia d'espansione in Asia e in Asia sudorientale, e il loro ruolo come pedina degli espansionisti internazionali sovietici nell'Asia sudorientale»[9].

---

[9] Tratto da Speech made by comrade Pol Pot, Secretary of the Central Committee of the Communist Party of Kampuchea "At the banquet given in honour of the delegation of the Communist party of China and the government of the People's Republic of China. Phnom Penh, November 5, 1978", [Phnom Penh]: Dept. of Press and Information, Ministry of Foreign Affairs, Democratic Kampuchea, 1978,

Tabula rasa

Qualsiasi culto religioso viene poi abolito seduta stante, così come l'utilizzo della moneta per gli scambi commerciali di qualsiasi tipo. Nel giro di poche settimane l'economia di un intero paese viene bloccata completamente, si torna al baratto. Cristiani, islamici, monaci buddisti, ma anche disabili e chiunque abbia anche solo una lontanissima origine cinese o vietnamita viene perseguitato e, alla fine, viene inevitabilmente ucciso senza la minima pietà.

Allo scopo di affamare la popolazione vengono distrutte le riserve di cibo. Anche la quasi totalità degli alberi da frutto vengono tagliati o bruciati per lo stesso folle motivo. Anche la pesca viene abolita, così come qualsiasi tipo di coltivazione intrapresa personalmente. Milioni di persone vengono fatte marciare per giorni interi sotto il sole cocente da un campo di lavoro a un altro, spesso senza acqua o cibo, senza nessun motivo particolare se non quello di fiaccarli da un punto di vista fisico psicologico. Com'è purtroppo facile immaginare i vecchi, i bambini e i soggetti più deboli o malati sono i primi a soccombere in queste infinite marce disumane che attraversano tutta la Cambogia.

Il concetto stesso di famiglia viene abolito: i bambini infatti vengono cresciuti in comunità e indottrinati fin dalla più tenera età secondo la ferrea ideologia elaborata dai Khmer Rossi.

Una testimonianza

Ecco il ricordo di una sopravvissuta ai campi di lavoro che all'epoca della rivoluzione Khmer era ancora una bambina:

«Io lavoravo nell'acqua senza nulla da mangiare. Ero sempre stanca e poi c'erano le sanguisughe. Non sono mai riuscita ad abituarmi. Erano grandi come il mio pollice e mi si attaccavano alla gambe, ai piedi e quando le staccavo perdevo molto sangue ma quelle salivano su per le gambe… mi passavano tra le mani. Certe volte si attaccavano anche alla faccia e alle orecchie perché si lasciavano cadere dagli alberi. Bisognava farci l'abitudine.

La sensazione della fame era così travolgente che ogni pensiero in quel periodo era occupato dall'ansia di procurarmi da mangiare. Io mi ricordo il suono della fame. Era un suono molto forte, è il suono del respiro corto di un bambino o di una persona che sta lottando con disperazione per conquistare quell'ultimo respiro insomma che sta lottando per conquistare la vita fino al respiro successivo. Chi soffre la fame lo fa sempre per poter arrivare al prossimo respiro. Nel farlo produce un suono estremamente particolare e profondo. È una cosa che mi porterò dentro per tutta la vita.

Un giorno i soldati vennero a prendere mia madre e mia sorella. Loro ed altri furono portati in una località lontana. Poteva essere un'area in cui erano già state scavate delle fosse o semplicemente un campo di riso. La parte più difficile per me è stato immaginare chi tra mia madre e mia sorella, che all'epoca aveva solo quattro anni fosse morta per prima […]».

Utopia perversa

Si attua in quegli anni su milioni di innocenti uno schizofrenico esperimento teso a costruire una sorta di "uomo nuovo", un uomo da riportare all'antica purezza perduta, una sorta di utopia perversa che sembra uscita dalla mente di un essere privo di qualsiasi tipo di affettività. Uomini, donne, anziani e bambini vengono spostati da un capo all'altro del paese e costretti al lavoro forzato incessantemente. Ogni tipo di legame familiare, sociale e culturale viene volontariamente infranto senza eccezioni. Ma qual era la percezione della situazione politica vista dal basso?

In realtà, a differenza di altri regimi dittatoriali, sia di destra che di sinistra, nel caso della Cambogia mancò quasi del tutto un qualsiasi culto della personalità, al punto che molti cambogiani non sapevano nemmeno chi fosse Pol Pot, come del resto ignoravano quale gruppo o schieramento politico fosse al potere nel Paese. Lo stesso partito dei Khmer Rossi nelle prime fasi di governo si fece chiamare semplicemente Angkar (l'organizzazione), evitando di dare una qualsiasi sfumatura politica al proprio operato.

Leggiamo il ricordo di quegli anni nelle parole di una sopravvissuta all'orrore cambogiano:

«Ci dicevano che il governo che aveva assunto il controllo del paese si chiamava Angkar. Non sapevamo cosa fosse, era un'entità misteriosa. Sapevamo che l'Angkar aveva più occhi di un ananas... è un proverbio dei Khmer Rossi che significa che poteva vedere qualunque cosa e aveva più orecchie di un intero villaggio. Insomma poteva ascoltare tutto […]».

È bene sottolineare che lo stesso Pol Pot in alcune interviste rilasciate negli anni successivi, così come anche molti osservatori esterni, non classificano come comunista o marxista il progetto politico Khmer.

"Felicità, progresso, uguaglianza"

Per il "Fratello Numero Uno" quello che viene messo in atto era un ideale completamente nuovo, soltanto in parte ispirato ai tradizionali principi e alla cosiddetta prassi del socialismo reale, ma per molti aspetti unico e assolutamente inedito. Secondo il leader dei Khmer Rossi la Kampuchea Democratica sarebbe stata infatti sì un paese comunista, ma di un particolare tipo di comunismo diverso, che non si ispirava ad alcun modello visto in precedenza:

«Non costruiamo la nostra società seguendo un modello preciso. I contadini e i lavoratori hanno dato un contributo molto importante alla rivoluzione e rappresentano il gruppo più numeroso del paese. Noi desideriamo costruire una società in cui regnino la felicità, il progresso e l'uguaglianza In cui non esistano sfruttati e sfruttatori. In cui tutti prendano parte alla produzione e alla difesa nazionale. Ecco perché dico che non ci uniformiamo ad alcun modello stabilito per costruire una nuova società [...]».

Una sorta di rivoluzione senza paternità ideologica insomma, per questo abbiamo parlato di vera e propria "utopia", per quanto perversa e disumana.

Lo stesso Pol Pot del resto non appare quasi mai in pubblico, tiene molto raramente discorsi e non lancia proclami. Si comporta insomma in maniera opposta a tutti i dittatori che nel corso dei secoli hanno governato in ogni parte del mondo. Pol Pot vive isolato a Phnom Penh, una città svuotata e in totale disfacimento che non assomiglia nemmeno lontanamente alla capitale piena di vita e fervore del periodo antecedente alla guerra.

S-21

Tuol Sleng è il nome di un liceo della capitale cambogiana che è diventato il simbolo della follia omicida dei Khmer Rossi. È un luogo anonimo situato tra alcuni palazzi di una zona semi-periferica. Una scuola come tante. Forse proprio per questo motivo venne scelta nel settembre del 1975 dai Khmer Rossi per diventare "S-21".

S-21 fu il luogo in cui vennero torturate e uccise circa 14.000 persone. Lo sappiamo perché i Khmer Rossi, precisi e burocratici fino alla fine, annotarono il nome di 10.499 persone morte a S-21 (il numero complessivo è più alto perché i bambini non entravano in questo macabro registro dell'orrore). 10.506 persone schedate: ingresso, foto, verbale, e uscita[10].

_____

[10] Il sito internet tuolsleng.com ha pubblicato migliaia di foto prese dall'archivio di S-21.

Su 10.506 persone solo 7 sono sopravvissute. Oggi due di loro sono ancora vivi. Uno è il signor Chum Mey, che è stato intervistato dal quotidiano italiano Il Secolo XIXI nel settembre del 2015:

«Arrivavano due-tre volte a settimana, sempre di notte. Caricavano i prigionieri dicendo loro che li avrebbero spostati in un altro carcere. Ma i furgoni partivano pieni e tornavano vuoti. Dopo un po' di tempo sapevi benissimo dove andavano davvero quei camion.

Volevano farmi confessare l'appartenenza alla CIA o al KGB. Io non sapevo nulla. E più negavo, più loro mi picchiavano con dei bastoni di legno. Usarono anche l'elettrochoc. Arrivarono a rompermi le dita delle mani, a torcermi con delle tenaglie le unghie dei piedi sino a staccarmele.

Alla fine mi sono arreso e ho detto quel che volevano sentirsi dire. Che ero della Cia. e che avevo per loro una lista di agenti sotto copertura. Feci i primi nomi che mi vennero in mente. Tutta gente che non aveva fatto nulla di male. Sicuramente alcuni di loro sono stati poi imprigionati o uccisi. Ma quello era il metodo: credo sia quel che è successo a me [...]

Fu il mio lavoro a salvarmi. Ancora

ammanettato e intontito dalle torture, mi srotolarono la benda che avevo sugli occhi e mi fecero trovare davanti una macchina da cucire rotta. La feci funzionare e da quel momento diventai l'aggiustatutto della prigione. Sistemavo qualsiasi cosa, dalle macchine per scrivere alle automobili. Dissero che facendo bene il mio lavoro non mi avrebbero ucciso a meno che non avessi cercato di scappare [….]».

Il nome stesso di quel luogo infernale riflette tutta la pedante e ossessiva disumanità dell'incubo Khmer: "S" significa sala o padiglione, mentre il "21" è il codice del santebal, parola composta da santisuk (sicurezza) e nokorbal (polizia). S-21 non era l'unico centro di detenzione della città, ma aveva una caratteristica: era riservato esclusivamente ai "traditori del regime".

Leggere i verbali di S-21 è qualcosa di angosciante dato che i Khmer Rossi trascrivevano con assurda precisione lunghe e articolate confessioni di crimini mai commessi. Un vero e proprio mondo parallelo che venne costruito con il sangue e la burocrazia.

Kaing Kek Ieu, soprannominato Duch, era il responsabile della struttura. Sotto di lui un manipolo di ragazzini costretti a ubbidire ai suoi ordini. Erano talmente terrorizzati all'idea di essere a loro volta imprigionati che non discutevano minimamente i suoi ordini.

Oggi quello che è stato un luogo di dolore e sofferenza è diventato un museo, come racconta il giornalista Marco Del Corona:

«Le celle al piano terra nell'edificio di sinistra restano tuttora l'anticamera dell'orrore d'un tempo. Il disegno ossessivo delle mattonelle ocra e bianche, disposte come una scacchiera, sorregge letti di ferro a cui venivano incatenati per le sevizie i prigionieri. Catene, ferri. Cassette metalliche per i nastri di mitragliatrice usati dai prigionieri per defecare.

I due fotoreporter vietnamiti che entrarono nel carcere l'8 gennaio 1979 al seguito delle truppe vietnamite che mettevano fine al regime di Pol Pot, trovarono ancora i corpi legati ai letti, la gola tagliata, inondati del sangue che colava sul pavimento. Le loro fotografie, montate su pannello, sono appese alle rispettive celle.

Era stato l'odore della decomposizione a guidare i due reporter dentro il recinto di quello che sembrava una scuola. Sopra l'ingresso una grossa targa rossa riportava uno slogan polpotiano: "Fortificate lo spirito della rivoluzione! State in guardia contro le tattiche del nemico per difendere il Paese, il popolo, il Partito". Furono trovati 14 uomini. Le ultime esecuzioni risalivano ai un paio di giorni prima»[11].

L'aspetto più sconvolgente di S-21 è senza dubbio il dettagliatissimo archivio che venne rinvenuto al suo interno, archivio che peraltro si è rivelato preziosissimo per gli storici (che ancora oggi studiano quei documenti terribili).

[11] Cattedrali di cenere, Marco del Corona, EDT, 2005.

Il Presidente della Romania Nicolae Ceaucescu
e sua moglie, Elena durante un incontro ufficiale
con Pol Pot e Khieu Samphan.
(Copyright Fototeca online a comunismului
românesc, ID 45014X1X4)

LA FINE
DEL "PROGETTO SOCIALE"

Il 31 dicembre 1977 la Kampuchea Democratica rompe bruscamente ogni relazione diplomatica con il Vietnam, forse perché intimorita dal rapido espansionismo messo in atto dal Governo di Hanoi che si sta faticosamente lasciando alle spalle il conflitto con gli Stati Uniti.

Già nel corso dei mesi precedenti del resto vi erano stati numerosi scontri a fuoco lungo il confine tra i due Paesi e, in alcuni casi, le truppe dei Khmer Rossi avevano addirittura sconfinato in territorio Vietnamita allo scopo di intimorire apertamente il nemico.

Nel dicembre del 1977 però le relazioni tra i due Paesi precipitano e diventano tesissime. Appare chiaro a tutti gli osservatori internazionali che lo scontro militare tra Vietnam e Cambogia è ormai inevitabile. Il Vietnam fa la prima mossa e decide di inviare un primo contingente di 50.000 unità all'interno del territorio cambogiano. Le truppe vietnamite nel Nord del paese trovano peraltro terreno fertile tra la popolazione e si mischiano intelligentemente ai tanti oppositori di Pol Pot. Nel dicembre del 1978 infine l'esercito di Hanoi invade ufficialmente la Cambogia: è guerra. Da questo momento in poi assistiamo a una vera e propria escalation militare e gli scontri sono sempre più violenti e sistematici.

Le truppe dei Khmer Rossi non possono far altro che soccombere di fronte a quelle più numerose, più esperte e molto meglio equipaggiate dell'esercito di Hanoi. In poche settimane i vietnamiti entrano vittoriosi a Phnom Penh, per la Cambogia si tratta di una disfatta totale.

Il 7 gennaio 1979 però Pol Pot riesce a mettersi in salvo nelle foreste del Nord del Paese lungo il confine con la Tailandia, per l'ennesima volta è costretto a entrare in clandestinità nella giungla.

Nella giungla

Per molti anni non verrano rese pubbliche immagini di Pol Pot né dei suoi fedelissimi, tanto che in molti arriveranno ad ipotizzare addirittura la morte dell'ex dittatore cambogiano, che sembra quasi un fantasma che aleggia con il suo spirito su tutta la Cambogia.

Nel frattempo i vietnamiti installano a Phnom Penh un governo fantoccio composto da cambogiani molto vicini agli ideali filo-sovietici-vietnamiti. I sopravvissuti al terrore dei Khmer Rossi iniziano così una lunga marcia per tornare finalmente ai loro villaggi e tentare di ritornare ad una vita "normale". Lungo il cammino attraversano in silenzio un paese letteralmente devastato, con città distrutte e villaggi completamente rasi al suolo.

Anno Zero

Per dirla in parole povere, in meno di 4 anni la Cambogia è stata riportata all'anno zero. Intere risaie sono state trasformate in cimiteri a cielo aperto, dalle fosse comuni emergono le ossa di milioni di cambogiani morti in uno spettacolo raccapricciante che lascia tutti sgomenti. Assieme ai profughi anche il mondo intero scopre l'abisso senza fine dell'orrore cambogiano. L'opinione pubblica mondiale è sotto shock. A livello internazionale ci si interroga su come sia stata possibile una tragedia umanitaria di tali dimensioni.

Nel frattempo Pol Pot e i suoi compagni più irriducibili dalle loro basi nella giungla iniziamo a organizzare in maniera strutturata la resistenza armata anti-vietnamita, anche se dispongono di pochissimi mezzi. I tanto temuti Khmer Rossi sembrano ormai essere giunti alla fine della loro delirante traiettoria politica, se così possiamo chiamarla. È proprio in questo momento però che la storia che stiamo raccontando prende dei connotati completamente inaspettati e del tutto paradossali.

I Khmer Rossi entrano all'ONU

Col sostegno degli Stati Uniti e della Cina, infatti, il seggio vacante della Kampuchea Democratica nelle Nazioni Unite viene assegnato alla coalizione di forze della resistenza, ovvero la parte politica controllata direttamente dai Khmer Rossi. La coalizione, oltre ai Khmer Rossi asserragliati chissà dove nella giungla cambogiana, poteva contare anche sul redivivo principe Sihanouk e su un neonato movimento repubblicano.

Ecco la motivazione ufficiale del portavoce USA per una decisione che può sembrare assolutamente incomprensibile:

«La nostra posizione su questo tema è che noi non possiamo e non vogliamo restaurare il regime della Kampuchea Democratica al potere, ma il nostro voto non può legittimare un governo installato con l'aggressione e mantenuto grazie alla presenza di un esercito invasore».

Ovviamente all'origine di tale gesto ci sono motivazioni politiche e ideologiche molto chiare, per quanto assolutamente kafkiane. Gli Stati Uniti sono reduci dal pesantissimo smacco della guerra in Vietnam, di conseguenza cercano in tutti i modi di ostacolare la politica di Hanoi, anche se questo significa legittimare il folle e sconsiderato "progetto sociale" Khmer messo in atto da Pol Pot e dai suoi. Allo stesso modo anche la Cina aveva rapporti decisamente ostili con il governo vietnamita, per questo decide di appoggiare apertamente i Khmer Rossi, che pure si erano macchiati di alcuni tra i più tremendi crimini nella storia del secolo scorso, e non solo.

Gli Stati Uniti arriveranno addirittura a finanziare la resistenza Khmer con circa 80 milioni di dollari.

Phil Rees parla così di quella decisione che appare ancora oggi totalmente priva di logica, raccontando con queste parole il suo incontro con Khieu Samphan, ovvero il "Fratello Numero Cinque":

«L'assurdità del sostegno dato dall'Occidente all'alleanza che includeva i Khmer rossi mi colpì quando mi recai a Parigi per intervistare Khieu Samphan, il Capo di Stato ufficiale del regime di Pol Pot e Fratello Numero Cinque.

Nel 1959 l'ex guerrigliero aveva scritto una tesi di dottorato in economia alla Sorbona, in cui sosteneva che l'evacuazione delle popolazioni dalle città era parte di un programma per la crescita economica. Uno degli argomenti centrali era che il "trasferimento di massa" della popolazione urbana era necessario innanzitutto per stimolare la produzione alimentare. Era altresì necessario incoraggiare uno "sviluppo autonomo e consapevole", che significava chiudere i confini della Cambogia; diversamente il paese sarebbe stato nuovamente sfruttato come lo era stato dai colonialisti francesi. Apparentemente, tutti i suoi professori si profusero in grandi elogi alla tesi.

Incontrai Khieu nel suo ufficio, nel prospero XVI arrondissement. Era un uomo molto preciso e ordinato, vestito con completo e cravatta [...]»[12].

Un principe patriota e comunista

Ancora più incredibile in questa folle vicenda è la posizione presa dal principe Sihanouk che, all'indomani dell'arrivo delle truppe vietnamite, aveva dichiarato ufficialmente:

«Sono stato costretto ad allearmi con i Khmer Rossi ma nessuno sapeva che essi pensassero a un genocidio. Nessuno poteva immaginare che fossero capaci di commettere tali orrori e tali crimini. Nessuno sapeva che Pol Pot era un mostro».

---

[12] Phil Rees, Dining With Terrorists: Meetings with the World's Most Wanted Militants, 2005, Macmillan.

Appare chiaro che il principe, dopo aver capito che Stati Uniti e Cina avrebbero appoggiato politicamente e finanziariamente il gruppo di Pol Pot, decide di tornare sui suoi passi pur di restare sulla cresta dell'onda.

Accetta dunque molto volentieri di presiedere un Governo in esilio che riunisce tutte le forze cambogiane che si oppongono ai i vietnamiti, arrivando addirittura a dichiarare:

«Nella nostra coalizione siamo tutti patrioti. Il partito della Cambogia Democratica, che un tempo si chiamava comunista ha corretto la sua linea politica. Oggi la gente che vive nella zona sotto il controllo di Pol Pot è ben nutrita e ben vestita. I contadini hanno la loro terra e posso commerciare liberamente. Anche la libertà di religione è garantita. Le cose insomma sono cambiate».

La realtà, purtroppo, è però molto diversa dalla vuota propaganda di facciata del principe Sihanouk. In tutto il territorio cambogiano si combatte una guerra durissima e senza esclusione di colpi, con la popolazione civile che continua a morire di stenti e privazioni.

Un paese nel caos

Nel 1988, dopo ben 10 anni di guerra civile, l'esercito vietnamita decide di lasciare definitivamente la Cambogia. Manco a dirlo il paese precipita per l'ennesima volta nel caos più totale.

Nel 1991 a Parigi viene finalmente organizzato un incontro tra gli esponenti della resistenza e del governo filo-vietnamita. L'obiettivo dichiarato è quello di provare a trovare un'intesa che porti a una pace definitiva. Le negoziazioni appaiono fin da subito difficilissime, così alla fine l'ONU decide di prendere in mano la situazione direttamente. Sembra non esserci altra soluzione percorribile per districare quello che appare a tutti come un vero e proprio nodo gordiano.

Vengono allora inviati in Cambogia i caschi blu dell'ONU con l'incarico di disarmare le fazioni contrapposte, per cercare di creare una struttura politica governabile che dia stabilità a un Paese martoriato da decenni di guerra ininterrotta. Vengono inoltre stanziati oltre due miliardi di dollari di fondi (la cifra più alta mai pagata dall'ONU per operazioni di questo tipo), ma tutti gli sforzi si concludono per l'ennesima volta con un nulla di fatto.

Nel 1993 vengono poi indette le prime elezioni da quando i vietnamiti si sono ritirati, ma il risultato delle urne consegna al paese una un governo instabile. Nonostante tutti gli sforzi fatti a livello internazionale la Cambogia continua a essere un Paese in guerra, con i Khmer Rossi di Pol Pot da una parte e l'esercito regolare coadiuvato dall'ONU dall'altra. La situazione politica internazionale nel frattempo è cambiata e così nel 1995 i Khmer Rossi vengono considerati un'associazione terroristica anche dagli USA. I loro leader vengono condannati di conseguenza come terroristi.

Leggiamo cosa scrive a proposito il giornalista statunitense Phill Ress:

«A quel punto tutto il movimento si ritrovò indebolito; nel 1996, Hun Se convinse il Fratello Numero Tre, Ieng Sary, l'ex ministro degli Esteri, a disertare in cambio di un'amnistia. Un ampio settore dell'esercito Khmer si limitò a cambiare semplicemente uniforme. [...] Numerosi ex capi dei Khmer Rossi continuavano a vivere pacificamente a Pailin, una volta roccaforte dei Khmer Rossi. Controllavano ancora la città ma offrirono la loro lealtà a Hun Sen [...]»[13].

---

[13] Phill Ress, op. cit.

La Cambogia oggi

Nel 1999 i Khmer rossi sono definitivamente sciolti, tanto che il Dipartimento di Stato USA ha tolto il movimento dall'elenco delle organizzazioni terroristiche internazionali. Soltanto due ex ufficiali del governo Khmer però sono stati incarcerati dal nuovo regime: Ta Mok, un comandante regionale celebre perché aveva una gamba sola e noto con il soprannome di "Macellaio", e Duch, il guardiano della prigione S-21, il simbolo della folle e disumana crudeltà dei Khmer di cui abbiamo parlato.

Oggi la Cambogia è devastata ancora da milioni di mine antiuomo, una vera e propria catastrofe umanitaria dalle proporzioni inimmaginabili che ha trasformato un paese un tempo meraviglioso in un vero e proprio teatro degli orrori a cielo aperto. Nel corso degli anni il territorio cambogiano, infatti, è stato letteralmente disseminato di mine antiuomo, piazzate tanto dai Khmer Rossi quanto dai soldati vietnamiti. Ancora oggi, quasi 40 anni dopo l'inizio di quella folle rivoluzione, in Cambogia si contano circa 300 incidenti mortali all'anno dovuti allo scoppio di mine antiuomo.

Pol Pot, foto d'archivio.

FINE DI UN LEADER

Intorno alla metà degli anni '90 la figura politica di Pol Pot inizia inevitabilmente la sua parabola discendente anche all'interno del partito che lui stesso aveva fondato e di cui era stato il leader incontrastato per decenni. Come abbiamo visto infatti alcuni dei vecchi compagni di partito abbandonano definitivamente i Khmer Rossi per unirsi al nuovo governo cambogiano.

Allo stesso modo anche gli irriducibili rimasti a combattere nella giungla iniziano a rendersi conto che, per permettere la sopravvivenza stessa del movimento, è arrivata l'ora di eliminare definitivamente la sempre più ingombrante e anacronistica figura di Pol Pot, ormai troppo compromessa agli occhi dell'opinione pubblica.

Faida interna

Pol Pot però non ci sta ad essere messo da parte e nel 1997 fa massacrare Son Sen, ovvero il suo successore designato, assieme a tutta la sua famiglia.

Si apre così una tremenda faida all'interno dei Khmer Rossi destinata a durare a lungo, e cioè fino a quando l'ormai ex leader non viene ufficialmente destituito dai suoi stessi compagni e messo agli arresti domiciliari.

Quasi del tutto cieco e con problemi di asma Pol Pot passa gli ultimi mesi della sua vita confinato nella giungla tra Tailandia e Cambogia:

«Era stato tradito e arrestato e forse ucciso dalla sua piccola banda di seguaci rimasti.

Fotografie del suo corpo mostravano un uomo fragile, i cui capelli bianchi erano stati scuriti appositamente per la cerimonia funebre.

Era stato vestito con una camicia azzurra e pantaloni alla marinara. [...]

Il sito di cremazione di Pol Pot, in una radura nella giungla sul fianco di una montagna a Nord dei templi di Angkor, è bizzarro e sconcertante come la sua vita.

In mezzo alle sue ceneri c'erano lattina di birra e mozziconi di sigarette, così come la tazza del bagno che aveva usato nei suoi ultimi giorni. Il governo cambogiano pianificò addirittura di trasformarlo in un'attrazione turistica […]».

Il 15 aprile 1998 Pol Pot muore, non prima di aver rilasciato una sconcertante intervista al giornalista americano Nate Thayer, nella quale non si dice per nulla pentito i quello che ha fatto, anzi.

Pol Pot arriva addirittura a minimizzare il suo ruolo nel genocidio cambogiano, sostenendo che

«Io ero venuto per portare a compimento la lotta, non per uccidere la gente. Anche adesso, può vederlo. Sono forse una persona selvaggia? La mia coscienza è pulita».

Le ultime parole del "Fratello Numero Uno"

Riportiamo il testo integrale dell'intervista realizzata da Thayer a Pol Pot, un documento unico nel suo genere e fondamentale per provare a capire innanzitutto la psicologia dell'uomo Pol Pot.

[D] - Come preferisce essere chiamato, col suo nome di nascita, Saloth Sar, o col suo nome di battaglia, Pol Pot?

[R] - Dato che ho speso gli ultimi 45 anni della mia vita a combattere per il mio Paese e per il popolo, preferisco essere chiamato con il nome di battaglia, Pol Pot.

[D] - Questo significa che ha dimenticato la sua famiglia?

[R] - Niente affatto! Durante tutti questi anni ho sempre pensato alla mia famiglia.

[D] - Però da quando si è dato alla lotta armata, non ha mai voluto incontrare nessuno dei suoi parenti. Anzi, alcuni di loro, tra cui anche suoi fratelli e sorelle, sono morti proprio per le dure condizioni di lavoro a cui erano stati sottoposti.

[R] - Ci sono due condizioni storiche e politiche da tener conto: la prima è che subito dopo la liberazione del Paese, si era nel caos più completo. Dovevamo procurare il cibo per cinque milioni di cambogiani e due di questi erano ammassati nella capitale, a Phnom Penh. L'immediato trasferimento nelle campagne perché anche loro potessero lavorare nelle risaie, era dunque una condizione necessaria per la sopravvivenza di tutti. Inoltre c'era sempre il pericolo di bombardamenti da parte degli americani.

In secondo luogo, cosa avrebbe detto il popolo se avessi ordinato che i miei parenti ricevessero un trattamento di riguardo rispetto a tutti gli altri? Avrebbe pensato che erano soltanto cambiati gli uomini al potere, ma il modo di gestirlo era rimasto sempre lo stesso di sempre.

[D] - Analizzando il periodo di potere Khmer Rosso a ventidue anni di distanza, ammette di aver commesso degli errori macroscopici?

[R] - Sono d'accordo sul fatto che abbiamo commesso degli errori, dovuti soprattutto all'inesperienza. Del resto, chi può dire di non averne commessi? Abbiamo basato e costruito la nostra politica continuando a pensare e operare secondo l'esperienza della lotta rivoluzionaria, senza mai passare alla fase post-rivoluzionaria, che ci avrebbe permesso di accelerare lo sviluppo della Cambogia.

Ma considerando tutto, penso che il nostro governo sia stato positivo per il popolo. Penso che rispetto alla Cambogia di oggi, Kampuchea

Democratica era molto più libera, democratica, indipendente e progredita.

[D] - Quindi non rigetta nulla di ciò che ha fatto.

[R] - E perché dovrei?

[D] - La maggior parte dei suoi ex compagni, da Ieng Sary a Khieu Samphan, l'ha fatto.

[R] - Sono scelte loro. Posso solo dire che la storia non può essere cancellata semplicemente negando le scelte e le azioni compiute.

[D] - A ogni modo lei continua a negare la responsabilità della morte di centinaia di migliaia di cambogiani; continua a negare la stessa esistenza della S-21, dei cosiddetti "Killing Fields"...

[R] - Come ho detto prima non nego nulla di ciò di cui mi ritengo responsabile. Non nego che durante il periodo in cui siamo stati al governo abbia personalmente commesso degli errori, ma le cifre che ha appena citato sono decisamente esagerate. Della S-21 non ne ho mai avuto notizia alcuna, è stata una messa in scena della propaganda vietnamita per giustificare la loro invasione di Kampuchea Democratica, così come i fantomatici "Killing Fields", una invenzione cinematografica di grande effetto.

[D] - Mi permetta però di ricordarle che gli stessi suoi ex compagni di governo oggi ammettono che tra il 17 aprile 1975 e il 7 gennaio 1979 in Cambogia si era instaurato un clima di terrore di cui lei, in qualità di Primo Ministro e Segretario di Partito, è stato il solo responsabile.

[R] - Posso solo dire che loro occupavano, assieme a me, posti di alta responsabilità. È logico che dopo il cambiamento di rotta politica avvenuto all'interno del movimento, tentino di riproporsi in una nuova prospettiva. Ma vorrei evitare di continuare a parlare di questi argomenti.

[D] - Quindi se lei potesse tornare al potere attuerebbe la stessa politica che aveva intrapreso durante il periodo tra il 1975 e il 1978?

[R] - Lo ripeto: non ho assolutamente nulla di cui rimproverarmi. Penso che la nostra linea era giusta allora e lo sarebbe anche oggi. Naturalmente i tempi sono cambiati, ma anche nel 1978 stavamo gradualmente introducendo delle importanti riforme in Kampuchea Democratica.

[D] - Quali?

[R] - La reintroduzione del denaro, la possibilità di gestire mercati privati, l'apertura delle frontiere, il ritorno dei monaci nelle loro pagode. Ma il Vietnam non voleva tutto questo, e ha quindi deciso di invadere il nostro paese.

[D] - Come giustifica la sua avversione per il Vietnam?

[R] - Non è una mia avversione, ma quella di tutto il popolo Khmer verso la minaccia Youn.

[D] - Ma a quanto ho potuto capire è un contrasto che ha radici più storiche che razziali.

[R] - Esattamente, proprio così. Il Vietnam si è annesso nei secoli precedenti la regione del Delta del Mekong, che apparteneva culturalmente, storicamente e etnicamente ai Khmer. Nel 1975 si preparava ad annettere anche il resto della Cambogia. Abbiamo le prove di questo. Non avevano però previsto la nostra vittoria, e si sono così trovati nell'impossibilità di compiere i loro piani di conquista.

[D] - Dice di avere le prove del piano di annessione della Cambogia al Vietnam. Quali sarebbero?

[R] - Discorsi all'interno del Partito dei Lavoratori del Vietnam, lettere, preparativi militari, attacchi e provocazioni alle frontiere, spostamenti massicci di popolazioni verso il confine cambogiano per occupare le terre che appartengono ai Khmer e soprattutto infiltrazioni di elementi vietnamiti nel nostro Partito.

[D] - Le purghe effettuate durante il suo governo sono quindi da addebitarsi alla politica di purificazione dall'elemento vietnamita all'interno dell'amministrazione di Kampuchea Democratica al fine di assicurare l'integrità stessa della nazione?

[R] - Sì, certamente. E la conferma è che oggi a Phnom Penh c'è una marionetta infiltrata dai vietnamiti all'interno del nostro partito.

[D] - C'è oggi un Paese che indicherebbe come esempio di modello sociale?

[R] - Ogni Paese ha una storia e una situazione politica, sociale, culturale propria. Ultimamente non ho viaggiato molto, (*ride, ndA*) quindi non ho diretta esperienza di sistemi sociali in atto...

[D] - Si sente ancora marxista?

[R] - No, perlomeno non nel senso che voi occidentali date a questo termine. Ho trovato nell'idea marxista degli spunti per condurre la lotta politica in Cambogia. Ma li ho trovati anche leggendo Rousseau, Gandhi, Voltaire.

[D] - Leninista?

[R] - Lenin ha avuto un ruolo storico d'avanguardia nel dimostrare che le idee di Marx potevano trasformarsi in realtà. È stato un grande maestro e un grande personaggio storico per tutti, a prescindere dalle idee politiche.

[D] - Maoista?

[R] - Mao è stato un grande politico e anche un grande amico. La lotta condotta dal popolo Khmer è per molti versi simile a quella condotta dal popolo cinese. Inoltre la situazione culturale e politica della Cambogia è più assimilabile a quella cinese che a quella europea e sovietica: cinesi e Khmer vivono e sono prosperati nelle risaie.

[D] - Lei è una sorta di Dr. Jekyll e Mr. Hyde: sempre estremamente affettuoso e premuroso con la sua famiglia e con i suoi ospiti, ma poi molto duro e spietato in politica.

(Pol Pot compie un gesto di stizza e rimane muto).

[D] - Come si spiega che è più odiato all'estero che in Cambogia?.

[R] - Perché i cambogiani mi conoscono meglio che all'estero.

[D] - Sa che in Occidente viene spesso paragonato a Adolf Hitler?

[R] - Non vedo alcun nesso tra me e Adolf Hitler. Hitler era un pazzo che ha sterminato milioni di ebrei ed ha portato il mondo alla Seconda Guerra Mondiale.

[D] - Ma secondo gli studiosi anche lei ha sterminato milioni di cambogiani e secondo l'opinione pubblica occidentale anche lei è un pazzo...

[Pol Pot si altera a tal punto che gli viene e meno il respiro. Si porta la maschera d'ossigeno alla bocca. Il medico, allarmato mi chiede di non continuare a porre altre domande del genere.]

[D] - Cosa ritiene che sia essenziale in un uomo?

[R] - La volontà sincera e profonda di lottare per il bene del proprio popolo mettendo in questo modo in secondo piano gli interessi personali.

[D] - E lei pensa di aver rappresentato queste qualità?

[R] - Non sta a me giudicare. Sono comunque sereno.

[D] - Come vorrebbe essere ricordato dai suoi connazionali?

[R] - Come un uomo giusto e onesto. Come un uomo che ha lottato sino all'ultimo per difendere la Cambogia dalla distruzione ad opera dei vietnamiti.

Una voce fuori dal coro

Alla notizia della morte del sanguinario leader dei Khmer Rossi arriva praticamente unanime da ogni parte del mondo la condanna per il suo operato criminale e le sue scellerate scelte politiche, se di "politica" si può parlare. Per quanto possa sembrare incredibile però non tutti però la pensano così, anzi, qualcuno si spinge addirittura a lodarne l'operato, come testimoniato da questo articolo dell'epoca apparso inizialmente sul periodico marxista-leninista italiano "Il Bolscevico".

Di seguito riportiamo il testo di questo importante documento che ci fa capire come alle volte l'interpretazione dei fatti storici possa essere diversa, se non addirittura diametralmente opposta, quando si parla di esperienze politiche estremamente radicali, assolutamente visionarie ed utopiche, e di conseguenza disumane, come quella di Pol Pot.

«Con profondo dolore abbiamo appreso che il 15 aprile 1998, alle 23.15 (ora locale), in terra cambogiana Pol Pot è morto, secondo la versione ufficiale, per un attacco cardiaco.

Da anni era gravemente malato di malaria e ciò nonostante aveva continuato a stare fra il suo popolo, nella giungla, a combattere per la libertà e l'indipendenza del suo Paese e mai si era lasciato sfiorare dall'idea di rifugiarsi e andare a curarsi altrove, di abbandonare la sua terra e le sue genti.

La sua morte lascia un grande vuoto nel cuore di tutti gli autentici rivoluzionari e antimperialisti del mondo intero, oltreché dei marxisti-leninisti.

Noi lo ricorderemo per sempre come un fulgido esempio di dirigente rivoluzionario fedele al proprio popolo e campione indomito della lotta per l'indipendenza e la liberazione nazionale.

Egli è sempre stato alla testa del suo popolo contro il colonialismo, l'imperialismo e il social-imperialismo che con le armi volevano sottomettere e annientare la Cambogia; uno dei figli migliori del popolo cambogiano ai cui interessi ha immolato la propria vita, tutto se stesso.

Noi gli siamo profondamente riconoscenti perché egli ha dimostrato come un piccolo e disarmato popolo può far mangiare la polvere all'imperialismo purché sia animato e guidato da una giusta linea rivoluzionaria, anti-coloniale e antimperialista.

Noi gli siamo riconoscenti per aver liberato il suo Paese dall'imperialismo americano e dalla cricca di Lon Nol, prima, e di aver impedito ai revisionisti vietnamiti di fagocitarsi in un sol boccone la Cambogia e per essersi sempre rifiutato di svendere la guerriglia e di sottoscrivere la resa al regime di Phnom Penh anche a costo di essere sottoposto all'umiliazione di un processo pubblico farsa, all'arresto e al tradimento di falsi Khmer Rossi.

Noi lo ricordiamo come Segretario del Comitato centrale del Partito comunista della Kampuchea, come primo ministro della Kampuchea Democratico dal 17 aprile 1975, giorno della liberazione, al 7 gennaio 1979 giorno in cui l'esercito revisionista vietnamita, manovrato dall'URSS imperialista, invase l'allora paese socialista.

Vogliamo anche ricordare il messaggio che Pol Pot inviò in qualità di Segretario del CC del PCK, il 24 gennaio 1978, al "Compagno Giovanni Scuderi, Segretario generale del PMLI" nel quale fra l'altro egli diceva "Siamo molto felici di formulare da parte nostra a voi e al PMLI i nostri migliori auguri di salute e di vittorie. Possano le relazioni di amicizia rivoluzionaria fra i nostri due Partiti svilupparsi e consolidarsi continuamente".

Relazioni che non poterono poi svilupparsi a causa dei revisionisti che vi si frapposero. La figura e la storia di Pol Pot può invece essere definita quella di un figlio fedele e generoso del popolo kampucheano.

Fedele perché ha dedicato tutta la sua vita alla causa dell'indipendenza del proprio paese e alla liberazione del suo popolo. Liberazione dagli eserciti occupanti e liberazione dallo sfruttamento colonialista e capitalista. Generoso perché non ha lesinato energie al servizio della causa del Kampuchea, della rivoluzione kampucheana, nella costruzione del socialismo.

Figlio di una famiglia contadina, nasce a Kompong Thom nella zona centrale del paese. Com'era costume vive per sei anni presso la pagoda per imparare a leggere e a scrivere. Per due anni è anche monaco. Frequenta poi la scuola primaria e secondaria dove segue un indirizzo tecnico.

Dopo aver superato l'esame ottiene una borsa di studio per continuare gli studi all'estero, in Francia. Qui milita nel movimento degli studenti progressisti cui dedica molto tempo tralasciando gli studi.

Le autorità gli revocano la borsa di studio e deve rientrare in patria dove entra nel movimento clandestino a Phnom Penh; in seguito raggiunge i partigiani per partecipare alla lotta contro il colonialismo francese.

Dopo gli accordi di Ginevra del 1954, che stabilirono il ritiro delle truppe colonialiste francesi dal paese, la fine del regime coloniale e l'indipendenza della Cambogia, ritorna nella capitale e continua a condurre attività clandestine contro il governo in carica.

Ben presto diviene il responsabile regionale del movimento di opposizione a Phnom Penh e responsabile dei collegamenti con la campagna. Nella vita pubblica appare come professore di storia, geografia e educazione civica e insegna in una scuola privata.

Nella capitale il 30 settembre 1960, al termine di un lavoro di preparazione iniziato nel 1957, si tiene il congresso di fondazione del Partito comunista del Kampuchea (PCK).

Pol Pot è eletto membro del Comitato centrale e del Comitato permanente del Comitato centrale. [...] Il PCK dall'analisi della situazione del paese, caratterizzata da una dipendenza dall'imperialismo americano tanto che era in condizioni di una semi-colonia, fissa come compito quello di unire tutte le forze del popolo per cacciare l'imperialismo americano. Fissa i compiti per la rivoluzione democratica che ha lo scopo di liberare tutto il popolo composto all'85% da contadini. Un progetto coraggioso e audace ma che unendo gli operai e i contadini con la piccola borghesia e la borghesia nazionale, con le personalità progressiste e patriottiche permetterà la vittoria nella guerra contro il regime fascista di Lon Nol e l'imperialismo americano.

Tutto il partito lavora assiduamente al progetto e inizia a trasferire progressivamente i membri del Comitato centrale da Phnom Penh nelle campagne per mobilitare direttamente le masse contadine e sottrarsi al controllo sempre più assiduo della polizia governativa.

Pol Pot lascia la capitale nel 1963 e si installa nelle regioni lontane del paese e viaggia in lungo e in largo condividendo la vita delle masse popolari contadine. La sua base di appoggio è situata in una regione abitata da minoranze nazionali nel nord-est.

Nel 1961 è eletto segretario aggiunto del Comitato permanente e nel 1963, al secondo congresso del partito, segretario del Comitato centrale. La lotta di liberazione comincia a svilupparsi; armato di soli coltelli, asce e bastoni il popolo inizia ad attaccare le guarnigioni periferiche dell'esercito governativo. Nel 1967 a Samlaut scoppia un sollevamento armato spontaneo. Il PCK stabilisce che sono mature le condizioni per lanciare la lotta armata in grande stile in tutto il paese. Nel gennaio 1968 la prima insurrezione scoppia nel nord-ovest; è l'inizio della guerra popolare che, combinando guerra regolare e guerra di guerriglia, porterà il 17 aprile del 1975 l'esercito rivoluzionario del Kampuchea a liberare Phnom Penh e a cacciare la cricca fascista di Lon Nol e i soldati americani che avevano invaso il paese.

La Kampuchea è il primo paese dell'Indocina a riportare la vittoria sull'imperialismo americano. Portata a termine con successo la fase della rivoluzione nazionale democratica il PCK inizia quella della difesa del Kampuchea, della continuazione della rivoluzione socialista e l'edificazione del socialismo nel paese. Uno dei problemi era la eccessiva concentrazione della popolazione nella capitale, costituita in parte da rifugiati di guerra in parte attratti dal regime di Lon Nol e gravitanti attorno all'economia di guerra e ai dollari spesi dagli occupanti americani.

Non sarebbe stato possibile per il nuovo governo diretto da Pol Pot garantire una vita dignitosa alla gran massa di abitanti di Phnom Penh da parte di un paese ridotto alla fame e piagato dai bombardamenti USA. Ecco perché il governo caldeggiò e favorì il trasferimento di una fetta di abitanti nelle campagne a lavorare.

[...] Il governo di Pol Pot persegue una corretta politica di non ingerenza e di rispetto dell'indipendenza, sovranità e integrità territoriale degli altri paesi, una politica di pace e di non allineamento. Ma l'opera di edificazione e costruzione del socialismo è brutalmente stroncata sul nascere dall'aggressore vietnamita che, spinto dall'allora social-imperialismo sovietico, dopo una serie di provocazioni iniziate già nel 1977 invade in forze la Kampuchea il primo gennaio del 1979. In evidente stato di inferiorità di forze il governo del Kampuchea abbandona la capitale e si rifugia nelle campagne da dove dirigerà la guerra di resistenza di lunga durata. La dura occupazione vietnamita provocherà altri lutti e massacri al popolo kampucheano; il regime di Hanoi, spalleggiato dal socialimperialismo e dall'imperialismo, per coprire i propri e tentare di giustificare l'aggressione denuncerà i presunti massacri del legittimo governo kampucheano.

La realtà è che se il popolo kampucheano fosse stato veramente la vittima del governo di Pol Pot non darebbe certo il suo determinante contributo nella lunga guerra di resistenza contro gli aggressori. Una guerra che la Kampuchea conduce praticamente da solo, con le proprie forze. Per permettere la formazione di un largo fronte di resistenza, nel 1980, Pol Pot lascia la carica di primo ministro e favorisce la formazione di un governo di coalizione nazionale e assume quella di comandante supremo dell'Esercito nazionale del Kampuchea Democratico. Dirige la resistenza anti-vietnamita, che impedirà al regime di Hanoi di controllare il paese e annetterlo, fino al 1985 quando lascerà per raggiunti limiti di età su proposta del governo di coalizione il quale gli affida la carica di direttore dell'alto istituto per la difesa nazionale, l'ultima carica ufficialmente conosciuta. Dando un grande esempio di generosità e dedizione alla causa del Kampuchea e del suo popolo per il cui bene ha messo in secondo piano la propria persona.

Gli accordi di Parigi del 1991 porteranno al ritiro dell'esercito di occupazione vietnamita e alle "libere" elezioni sotto la tutela dell'Onu nel 1993; elezioni denunciate come farsa dalla resistenza khmer che le ha boicottate e non ha riconsegnato le armi.

Il governo di coalizione diretto dal principe Norodom Ranariddh e dall'ex fantoccio degli aggressori vietnamiti Hun Sen si caratterizza ben presto per la corruzione, i traffici di armi e droga, la prostituzione infantile che hanno riportato il paese nelle tenebre del passato sotto la dominazione imperialista da cui Pol Pot era riuscito a farlo emergere. I falsi khmer rossi tradiscono Pol Pot, svendono la guerriglia per avere salva la vita e per un posto nel governo attraverso l'intesa con Ranariddh.

Hun Sen risponde col golpe del 5 luglio 1997 che gli assicura il pieno potere a Phnom Penh. In seguito i falsi Khmer rossi sottoposero Pol Pot a un processo farsa e alla condanna all'ergastolo per certificare al mondo il loro tradimento.

[…] Che Pol Pot viva in eterno e il suo nome divenga un simbolo della lotta antimperialista».

Il "Fratello Numero Due"

Come abbiamo visto la maggior parte dei protagonisti dei massacri operati dal regime rivoluzionario Khmer non solo non hanno pagato nulla, ma si sono anche auto-assolti di fronte alla Storia. Così come Pol Pot infatti molte figure di primo piano tra i Khmer si sono dichiarati assolutamente innocenti, come ad esempio fece nel 2001 Nuon Chen, il "Fratello Numero Due", vice segretario generale del partito comunista e braccio destro di Pol Pot per più di trent'anni, che dichiarò serenamente tra una risata e una battuta quanto segue:

«Non capisco come potrei essere colpevole di crimini di guerra o di genocidio. La prego di spiegarmi: che cosa sono i crimini di guerra? Crimini di guerra significa che abbiamo mosso guerra contro un altro paese. Non lo abbiamo fatto.

E genocidio? Non abbiamo mai avuto nessun motivo di spazzare via la nostra stessa razza. Quelli che sono accusato di aver ucciso erano cambogiani, proprio come me [...]

Se avessero le prove per farmi arrestare, a me andrebbe anche bene. Ho settantasei anni, quanto possono tenermi dentro? Se mi condannano a vent'anni, allora ne avrò novantasei [...]

Noi purificavamo le menti: per prima cosa li educavamo con le lezioni, poi li mandavamo a lavorare nei campi [...] Sì, so che qualche persona morì di fame ma questo era un problema che andava oltre le nostre responsabilità. Cercammo di fare del nostro meglio ma il Partito non poteva certo controllare tutto. Nessuno sa quante persone morirono.

Alcuni dicono 1,7 milioni, ma non hanno statistiche, lo dicono e basta [...]

Non sono mai stato sveglio la notte, né ho pianto per quello che ho fatto. Sono una persona assolutamente comune. Quando morirono i miei genitori anche io ero molto dispiaciuto. Quando il mio popolo muore anch'io sono dispiaciuto».

Il 7 agosto 2014 Nuon Chen (88 anni all'epoca dei fatti) è stato condannato all'ergastolo dal Tribunale speciale della Cambogia per la persecuzione di crimini commessi durante il periodo della Kampuchea Democratica (il processo era iniziato nel 2011). Per l'occasione era stato creato un tribunale internazionale grazie a un accordo tra Cambogia e Nazioni Unite con l'obiettivo di processare i responsabili dei crimini compiuti durante gli anni di governo dei Khmer Rossi.

Insieme a Nuon Chen è stato condannato anche Khieu Samphan (83 anni). Entrambi sono stati giudicati colpevoli di sterminio, persecuzioni politiche e altri atti umani tra cui il trasferimento forzato, le sparizioni forzate e gli attacchi contro la dignità umana

.

Un problema legale

Per quanto agghiaccianti e terribili le parole del "Fratello Numero Due" sono, da un punto di vista giudiziario, tristemente vere, come ha scritto nell'agosto del 1998 Philip Gourevitch sulle pagine del New Yorker:

«[…] Ma il regime di morte con cui i Khmer rossi afflissero la Cambogia non rientra pienamente nella definizione legale di genocidio, inteso come "atti commessi con l'intento di distruggere, per la sua totalità o in parte, gruppi nazionali, etnici, razziali o religiosi".

Anche se alcuni gruppi di minoranza furono selezionati per una persecuzione speciale nel periodo di Pol Pot, il crimine nel suo complesso fu il sistematico assassinio di massa dei cambogiani da parte dello stesso governo cambogiano […] Naturalmente dire che non si è trattato di genocidio non sminuisce affatto la portata del reato».

L'aspetto davvero kafkiano di tutta questa orrenda vicenda è che anche alla giustizia internazionale mancavano completamente gli strumenti normativi per prendere una posizione giuridica chiara e netta nei confronti di Pol Pot e del folle operato Khmer.

Non a caso, proprio in questa occasione, venne elaborato il termine di "democidio" per indicare quella nuova forma di perversione sterminatrice a opera di un governo nei confronti del suo stesso popolo. E tutto questo al di là delle collusioni, degli interessi e delle strategie politiche che, come abbiamo visto, hanno fatto sì che i Khmer venissero ora appoggiati ora contrastati a livello internazionale.

Eppure, nonostante i dettagli e le sfumature giuridiche del caso, nel 1999 la Commissione degli esperti delle Nazioni Unite ha stabilito in maniera chiara che i Khmer Rossi hanno commesso genocidio per almeno cinque capi di accusa ben precisi.

Purtroppo per quanto la politica internazionale cerchi sempre più spesso di utilizzare i tribunali per emettere sentenze che certifichino "verità storiche" contro dittatori e capi di stato, il caso della Cambogia dimostra in tutta la sua oscena disumanità come il lavoro di queste istituzioni giuridiche sia completamente inefficace non solo per punire i colpevoli di questi crimini, ma anche per risolvere gli enormi problemi generati da questi regimi.

La tomba di Pol Pot nel distretto di Anlong Veng.

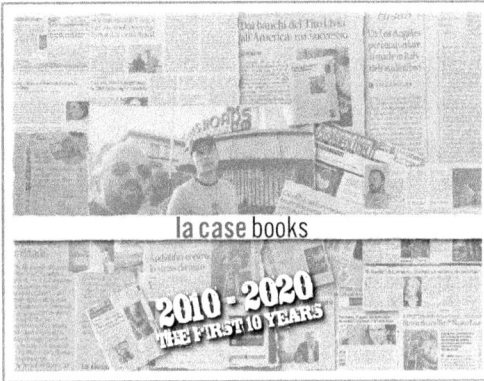

LA CASE BOOKS

LA CASE Books è un progetto editoriale nato nel 2010 da un'idea di Jacopo Pezzan e Giacomo Brunoro.

Agli inizi del 2010 Pezzan, che vive a Los Angeles, capisce che quella dell'editoria digitale non è una semplice scommessa sul futuro ma una realtà concreta.

Così quando in Italia non era ancora possibile acquistare ebook su iTunes, e Kindle Store era attivo soltanto negli USA, LA CASE Books inizia a pubblicare ebook e audiolibri in italiano e in inglese sul mercato mondiale.

Nel 2020, per celebrare i primi dieci anni di attività della casa editrice, iniziano anche le pubblicazioni in formato cartaceo.

Oggi LA CASE Books ha un catalogo di più di 600 titoli tra libri cartacei, ebook e audiolibri in inglese, italiano, tedesco, francese, spagnolo, russo e polacco, ed è presente in tutti i più importanti digital store internazionali.

www.lacasebooks.com

POL POT, IL DIAVOLO ROSSO
Richard J. Samuelson

Copyright © 2021 LA CASE
Copyright © 2015-2021 LA CASE
ISBN 9781953546852

2021 - 1a Edizione Cartacea
2015 - 1a Edizione eBook

LA CASE Books
PO BOX 931416, Los Angeles, CA, 90093
info@lacasebooks.com || www.lacasebooks.com